比叡山十二年籠山行満行者
宮本祖豊

# 積徳のすすめ

比叡山40年の修行が
教えてくれたこと

致知出版社

# 積徳のすすめ

——比叡山40年の修業が教えてくれたこと

まえがき

# 積徳――徳を積むために大事なこと

仏教では、ご縁ということをよく言います。仏教に限らず、どの世界でもご縁がなければ何も始まりません。

大学受験に躓《つまず》いた自分自身を振り返ってみても、決して東大に入れるような賢い頭も持っておらず、裕福な家庭というわけでもなく、痛感したのは自分自身の徳のなさでした。そして徳を積むことを一生の目標となし、二十二歳で出家し、二十四歳で正式に僧侶となり、二十九歳から二十年間、比叡山に籠《こも》って修行をしました。その後、四十九歳で最も厳しい修行の一つといわれる十二年籠山行《ろうざんぎょう》満行を果たしました。

私は修行を通じて徳を積むことを学んできましたが、徳を積むには、何か大きなことをやってやろうといった思いを持つのではなく、毎日毎日の小さな積み重ね、一日一日を全力で生きていくこと。それを十年、二十年と続けることこそが大事だと考えてきました。

比叡山浄土院で十二年籠山行されているお坊さんを侍真僧《じしんそう》といいますが、侍真の資格を得るには、まず好相行《こうそうぎょう》という行を満行しなければなりません。「好相」とは仏様の姿のことで、心が清まれば目の前に仏様が立つ、仏様が観《み》えるのです。五体投地《ごたいとうち》をして、三千の仏様の名前を唱えながら立ち上がり、合掌《がっしょう》してまた五体投地をする。これを仏様が観えるまで、不眠不臥《ふみんふが》で一日三千回ひたすら繰り返すのです。

好相行の最中では、もう二度と立ち上がれないというくらい、心身ともに疲れ果てる局面が訪れます。その時に、一体あと何回やれば仏様が立つんだろう……と、遥《はる》か先を見ていては決して続けることができません。そうではなく、よし、これで最後だと思って全力で一回だけやろうと気持ちを奮い立たせる。その一回ができると、あぁ、もう一回くらいできそうだな、と思えてきて、その一回、一回を渾身《こんしん》の力で積み重ねていく。そうやって目の前のことに全力で打ち込み、いまこの一瞬に全てを懸けた時、初めて自分の中にある壁を越えることができるのです。

## 積徳——自分のポストにベストを尽くす

「国宝とは何物ぞ、宝とは道心なり。道心有るの人を名づけて国宝と為《な》す。故に古人の言《い》わく、径寸《けいすん》十枚、是れ国宝に非ず、一隅《いちぐう》を照らす、此《こ》れ則《すなわ》ち国宝なりと」

天台宗の宗祖である伝教大師《でんぎょうだいし》・最澄上人《さいちょうしょうにん》のお言葉です。

ここに出てくる「一隅を照らす」は、中国の故事から採った言葉で、ある国に千里万里を照らすほどに優れた大人物がいた。しかし伝教大師が注目したのは、そういった千里万里を照らす大人物を一人、二人とつくることではなかった。それよりも自分の役割に最善を尽くし、そのことによって周りの人間を癒やしたり、導いたりすることのできる人こそが国の宝であり、そういう人を百千万人つくろうと考えられたのです。

「一隅を照らす」とは、則ち自分のポストにベストを尽くすことです。私は籠山修行という形で自分の心を磨くことになりましたが、一般の人にはそれはできません。だから、それぞれの仕事や人生そのものを通して心を磨くこと。それこそが徳を積み重ねること――つまり、「積徳《せきとく》」へと繋《つな》がっていくのだと思います。

十二年籠山行を満行したのは、二〇〇九年のことでした。籠山中は比叡山の結界の外には一歩たりとも出ることは許されず、外の人間と接触することもありませんでしたが、比叡山を下りてから多くの人と出逢うとともに、名僧・高僧と呼ばれる方々の生き方から学んだことが数多くありました。その学びを皆様にもお伝えできればと思い、このたび筆を執らせていただきました。本書を手にされた方々がそれぞれの人生を歩まれる上での糧《かて》としていただければありがたく思います。

最後に、私が本を出す直接の動機となったニューヨークの「おめん」の店長、故品《しな》川《がわ》幹雄《みきお》氏に厚く御礼申し上げます。また、この出版にあたり多大なご協力をいただいた多数の方々、特に致知《ちち》出版社社長藤尾《ふじお》秀昭《ひであき》氏並びに書籍編集部の皆様に深く感謝申し上げます。

合掌

比叡山観明院住職　宮本祖豊　拝

# 目次

## 第二章
# 心を磨き、人間として成長する
## ――十二の心得

## 第三章

# 今日から、悩まない、迷わない

## ――十二の心得

## 第四章 縁と恩、そして運を味方にする ――十二の心得

ブックデザイン――秦 浩司

第一章

# 人生をさらに強く、豊かに生きる

## ――十二の心得

# 一、まず過食を避ける――「天道」を生きる心得

子供の頃、「誰が見ていなくてもお天道様が見ているんだから悪いことをしてはいけないよ」とよく母に言われた。

天道は太陽のことだと思い、素直でない私は、「曇りや雨の日で、太陽が出ていない時は悪いことをしても良いのだろうか」と思ったが、お坊さんになってから初めて「おてんとう様」は太陽のことではなく「天道」であると知った。「天道」と子供に言っても分からないので目に見えるお日様を「お天道様」といったのであろう。

さて、仏教のお経の中に『起世経《きせきょう》』というのがある。簡単にいうと、この宇宙の成り立ちの物語が書かれてあるお経である。

人間界に未だ人間がいない頃、天の神々の世界の住人で寿命が尽きた神が生まれ変わって人間界に降りてきた。人間といっても、つい先ほどまで神であったので、神通

力があり、身体から光を放ち、食べる必要もなく、体も軽くて空中を自在に飛ぶことができた。

ある時、地上に生えている物を口に入れると非常に美味でおいしかったので食べるようになった。しかし、食べるほど身体から光が消えてゆき、身体が重くなって遂に飛べなくなった。そして最初のうちは食べても食べても食べ物はなくならなかったが、次第に粗雑な食べ物になっていき、最後は稲のようなものとなった。

それも二日分取ると二日に一度しか地上に生えない。また最初はいつも昼のようであったが、明日食べられるかの心配により太陽と月が生まれ、時間の観念ができた。一週間、一ヶ月分、半年分蓄えるとそれに合わせて一週間に一度、一ヶ月に一度、半年に一回しか獲れなくなり、遂には一年に一回か二回しか獲れなくなった。

初めは光のようなエネルギー100%のものが体に吸収されたが、次第に粗雑な食べ物となり、100%エネルギーに変換しなくなり、糟《かす》が残ったために大小便の穴ができ排出するようになった。また人間界に降りて来た神が次第に多くなると、男と女が過去世の業を思い出し交わるようになった。

最初は一食しか食べなかったのが二食、三食と増えていき、食べ物を少しだけ摂取した者は身体の光が多かったが、多く摂取した者はより光が少なくなっていったので、身体の光が多い者は少ない者を馬鹿にするようになって人間界に差別が生じた。

さらに、最初男女の交わりを見て、多くの者が堕落したと指をさして非難したが、欲望には逆らえず、隠れて交わるようになった。その隠れ場所、それが家の始まりである。

また、怠け者で蔵に蓄えた食物を盗む者が出てきたため、盗む者を処罰する必要ができ、全ての人間の中で少欲知足な最も誠実な人に裁いてもらうこととなった。選ばれた人は賢く、誠実に罪人を裁いた故、他の人間はその人を尊んでお米や野菜を奉納した。この最も誠実な人こそ王様の始まりであり、奉納された物が税金の始まりである。こうして国ができ始めたという。

さて、現代の人が天に生まれようと思えば、少欲知足で殺生、盗み、淫欲《いんよく》等がなく、誠実であれば世界の王となれる。さらに少欲知足で三食から一食へとなることで身体に力が湧き、光を放ち、身軽くして空を飛べる神通力が生じる。食べる心配がないことで時間の感覚がなくなって心の平安を感じ、死して再び天に生まれる。これが天に生まれる道であるという。

## 二、恩は必ず返す――「畜生道」に落ちない心得

最近の日本では、親切にされていても、お返しの心を忘れていることが多いと感じる。仏教の法要の中で法則というものがあり、その法要の趣旨を述べている。その法則の中で「恩を受けて恩に報いるは仲尼《ちゅうじ》の金言」というのがある。仲尼とは孔子のことで、意味は人として生まれたからには、恩を受けたら恩を返すのは当たり前で、人の道であり、返さなければ人の道に外れるということである。

さて、古い江戸時代の話であるが、ある侍が数名集まり「最近、名馬がいないな」と一人が言うと、別の侍が「最近、高僧名僧が少ないからな」と言った。高僧名僧と名馬は何の関係があるかといえば、厳しい修行をされて高僧名僧になると当然その説法に多くの人々が訪れる。その説法が立派であればあるほど、聴衆の中にはお布施やお供物を差し上げる人も多くなる。何も徴収している訳ではないし、いただくほどの

功徳を積んでいるから悪いことではない。

しかし、あまりにも多くをいただくと、当然説法の功徳よりお布施の方が多くなり、恩だけが残る。返せないほどの多くの恩を残して亡くなれば人の道を外れ、畜生道《ちくしょうどう》に落ちる。馬や牛に生まれることもあるだろう。馬や牛に生まれて荷物を運んだり、畑を耕したりして労働で前世の返せなかった恩を返し、それでも返せない分は殺されて、自分の肉で恩を返すという。

だが、前世は功徳を積んだ高僧名僧である。もし、生まれたとしてもただの牛や馬でなく、名牛や名馬になるという。即ち高僧名僧の成れの果てが名馬だという。だから「名馬がいないのは前世で高僧名僧だった僧が少なくなったから」との話である。

最近は自己破産というのがあって、認められれば借金は帳消しとなるらしいが、目に見えない借金はたとえこの世の法律で許されても来世に残ると考えるのが仏教の教えである。恩は目に見えないが忘れてはいけないものである。

# 三、徳がある人を真似る――精神向上のすすめ

未だ私が出家する前の小僧見習いの時期、後に兄弟子となる人から「おまえの実家は跡取りがいるのか?」と聞かれたことがあった。「男は長男の私しかいないので、私の代で家は終わりかも?」と答えると、「昔から一族から一人出家して坊さんが出ると九族救われるとも、また過去七代の両親が全て救われるともいう」と教えられた。家が衰退して跡取りができないと、一族から一人お坊さんが出ることが多いらしい。

仏教では、仏法僧の三宝に帰依《きえ》すると仏教徒となる。仏教徒になれば五戒を授けていただき優婆塞《うばそく》(在家の男性の信徒)・優婆夷《うばい》(在家の女性の信徒)という在家信徒となり、さらに信心深い在家の信徒は八斎戒《はっさいかい》を受ける。次に僧になるには、出家して得度受戒式で沙弥《しゃみ》の十善戒を授かる。沙弥から一人前の僧になるには、比丘《びく》は二百五十戒の具足戒《ぐそくかい》を、あるいは菩薩《ぼさつ》僧なら梵網菩薩戒《ぼんもうぼさつかい》を受けなければならない。

出家のお坊さんになると、大きく分けて二つの方法を学ぶ。一つは祈願の方法、二つ目は回向《えこう》の方法である。分かりやすくいうと息災延命や病気平癒等の祈願法と先祖供養の回向法である。お坊さんは毎日の日課として必ずお勤めするのであるから、当然自分の家の先祖供養くらいはする。すると、再び家が栄えるというのである。

さて、仏教徒になると、どのくらいの功徳があるかといえば「三宝に帰依すれば難を逃れる、五戒を守れば二十五の善神に依って常に護られる、八斎戒を守れば五逆罪を除き、余の一切の悪皆滅する」といわれる。さらに出家して十善戒を守れば、「後生には世界の大王となるか、天の神々となるであろう」といわれる。

それだけの功徳があるならすぐに出家したらよいかというと、これがなかなか上手くいかない。ある程度の徳の高さがないと出家の道が開けないというのである。実際、私の場合はなかなか師僧が見つからず、約二年かかった。毎日、伝教大師最澄様の御廟にお参りに行き、ようやく得度できた。

しかし、その後、自分の得度がいかに早かったかということが理解できることになった。私の弟弟子は十年かかったという。私の周りで在家からお坊さんになった人の話を聞くと得度して一つか二つは必ずことがあったというから出家の功徳があるというのはやはり嘘ではないのだろう。

そして、ようやく出家してお坊さんになっても一人前の道はなかなか開かれない。私は出家して十善戒を受けた後、密教の三昧耶戒《さまやかい》、菩薩戒の円頓《えんどん》大戒を受け、さらに好相行《こうそうぎょう》を行って自誓受戒を行った。好相行とは懺悔《さんげ》の行であり、成就すると重罪はことごとく滅し、その印として目の当たりに仏の姿を感得するという。人は精神的に上に昇ろうとすればするほど、それに見合った努力と徳が備わらないと成就しないものである。また、成就すれば相応にその果報は現れるものである。

また、得度の時に袈裟《けさ》をいただくが、この袈裟を着けられる功徳が非常にありがたい。私は天台宗での得度であるが、既成仏教といわれる仏教宗派の中で戒律と袈裟を一番大切にしているのは曹洞《そうとう》宗と聞く。曹洞宗の開祖道元《どうげん》禅師は若くして比叡山で修行し、後に入宋して曹洞禅で得道して日本に伝えた。比叡山の開祖最澄《さいちょう》上人は東大寺で具足戒（約二百五十戒）を受けたが、後に棄捨し、大乗菩薩戒のみで天台宗を建立した。道元禅師も比叡山で大乗菩薩戒のみを受戒した。ところが、入宋すると当時の中国では具足戒を受けていない者は坐る席すらない。そこで具足戒を受けると共に戒律も学んだ。当時の比叡山では袈裟の着け方も簡略化していたが、宋での如法に袈裟を着ける作法を見て涙を流して感激したといわれる。戒律を学ぶ中であるお経の話に非常に感銘し、日本に帰ってきて多くの人に出家を勧めたという。

お釈迦《しゃか》様の時代に蓮華色比丘尼《れんげしきびくに》という尼僧《にそう》がいて、厳しい修行を経て最高の悟りである阿羅漢《あらかん》まで達し、比丘尼で神通力《じんつうりき》第一といわれた。ところが、前世では破戒の比丘尼であり命終《みょうじゅう》して地獄に落ちた。さらに前々世では戯女として芸をしたり、身を売ったりして生活を立てていた。ある時、客の一人から「頭を剃《そ》り、袈裟・衣を着けた尼僧の恰好をして踊ってみせよ」との要望があり、その通りの恰好で踊って見せたら非常に客が喜んだので何回か行った。当然遊女の一生は褒められたものではなく命終して地獄に落ち、その悪業を清算しなければならなかった。

次に再び人間界に女性として生まれ、前世で冗談でも袈裟を着けたという功徳で迦《か》葉仏《しょうぶつ》のもとで出家して比丘尼となった。ところが、修行に励んでも前世での悪業が心に残っていたために戒律が守れず命終して再び地獄に落ち悪業を清算した。さらに再び人間界に女性として生まれ、前世では戒律は守れなかったが、修行の功徳が在ったことから釈迦仏《しゃかぶつ》に出会うことができ、教えを受けて如法に修行し、とうとう最高の悟りである阿羅漢果《あらかんか》にした。

道元禅師はこのお経の話を聞き、「たとえ冗談でも袈裟を着ければ、袈裟の功徳により三度生まれ変わった後には悟りが開ける」と熱心に出家を勧めて袈裟を着ける功徳を説いたという。

## 四、先祖供養をする——三井・サントリー「繁栄の源」

私の師僧のお寺、延暦寺泰門庵《たいもんあん》は江戸時代の三井家《みついけ》の当主が隠居した庵であり、後に延暦寺に寄贈された。当時の三井家は商売があまり繁盛しておらず、隠居された当主泰門さんは、その時の比叡山の高僧である妙立和尚《みょうりゅうおしょう》、霊空和尚《れいくうおしょう》に相談した。「もっと商売も繁盛し、家運も盛隆するにはどうしたらよいでしょう」と聞くと、和尚は「先祖供養しなさい」と答えたという。泰門さんは早速に先祖供養を始め、その息子も三十代で隠居し先祖供養に励んだという。そのお蔭か、明治には大財閥となった。今も三井グループとして社会に貢献している大企業である。

また、私のいま住んでいる延暦寺戒蔵院というお寺は、庫裡は十年前に再建したものであるが、お堂は百年前に建てられたものである。発願されたのは、当時の天台座《てんだいざ》主吉田源應猊下《ずよしだげんのうげいか》である。また、百年前に吉田源應座主が建立された時、山上の延暦寺では伝教大師一千百年の御遠忌の大法要が行われ、その記念事業の一つに延暦寺御修《みし》法《ほ》が復興された。二〇二四年も無事に百回目が行われたが、その施主がサントリーホールディングス株式会社である。百年前はサントリーという会社ではなく、寿屋《ことぶきや》という屋号であった。

ちょうど日本で初めて国産ウイスキーを売ろうと考え、社員を海外に派遣して技術を学ばせ、その企画が上手くいきますようにとのことで、社長が比叡山延暦寺根本中堂に祈願のお願いをしにきた。時の吉田源應天台座主が対応し「比叡山は千年以上の祈禱の道場であるから祈願があれば受ける。ところで、商売が上手くいったらどうする気だ？　もし、商売が上手くいって、その利益を社員だけが得るのであれば断る。日本のため、社会のために使うのであれば祈願しよう」と言うと、社長は「分かりました」と答えた。

その時、座主が「今、比叡山では明治以来途絶えている御修法という法要を復興しようと考えている。この御修法とは国家の安泰、天皇陛下の安穏を祈願する大事な法要である。君、その法要の費用を出さないか？」。聞いた社長は即座に快諾した。続けて座主は「しかし、途中で止めたら君の会社は潰れるぞ」と言うと、信仰深い社長は「必ず続けます。もし、二代目・三代目と社長が代わり、その社長がそんな多額の金額を法要に使うのは勿体《もったい》ないといって止める時がきたら、それはサントリーが潰れる時だ」と答えたという。二〇二四年もサントリーが約九百万円を出して御修法が行われた。

しかし、信仰が深く、ただ毎日祈願しているから商売が上手くいくのではない。祈願と先祖供養は表裏一体である。延暦寺の回向道場である阿弥陀堂では毎日、鳥居家の先祖供養・サントリーホールディングスグループの回向法要が行われている。今日のサントリーの繁栄は会長、社長、多くの社員の努力と信仰心の賜物であろう。

# 五、人のために努力する——人生、悔いなく生きる法

人生、死ぬ時まで自分の望み通りにいかないことが多いと思うが、最期くらいは自分の望み通りに終えたいと思う人も多いだろう。お坊さんでもやはりそれぞれ思い描く最期の姿がある。

天台宗の第二百五十三世天台座主、山田恵諦《えたい》師は明治二十八年に兵庫県揖保《いぼ》郡太子町に生まれ、大正、戦後の苦しい時を越えて座主になりたくさんの功績を残された。戦後、日本の景気が良くなり、自坊の庭を、臨終の来迎仏である阿弥陀如来と二十五菩薩に見立てて庭石を置いて作られた。

最期はこの庭を見て亡くなりたいと願っていたという。満九十八歳にて亡くなられる時、病院からの許可が出て、願い通り、阿弥陀如来来迎聖衆の庭を見て臨終を迎えた。奇しくも、亡くなった日は二月二十二日で、故郷の太子町とゆかりのある聖徳太

子の命日と同じ日であった。

次の第二百五十四世天台座主、梅山圓了《うめやまえんりょう》師は明治三十六年に生まれ、先の山田恵諦師と兄弟弟子であった。満九十三歳にて病院で亡くなる時、たくさんのご縁の僧に囲まれ、意識がしっかりした中、「世話になった。後は頼む」と感謝の言葉を述べて息を引き取ったという。

私の敬愛する僧の一人である、千日回峰《かいほう》行葉上照澄阿闍梨《はがみしょうちょうあじゃり》は明治三十六年に岡山に生まれ、東京大学哲学科を卒業後、大正大学の教授となり、戦後一念発起して千日回峰行をされた方である。平成元年、八十五歳にて遷化《せんげ》された。いつものように自坊で朝のお勤めの後、お茶を一杯飲み、そのまま亡くなったという。

また、悟りの認可を得た禅の高僧は、最期は坐禅の姿で亡くなるのが願いであった。しかし、臨終間際に病院のベッドで弟子たちに坐禅を組ませてもらったが、長い癌《がん》の闘病生活で体が弱り、無念にも坐禅の姿のままで臨終を迎えらず残念がっていたとのことである。高僧といわれる方の最期であった。

在家の方でも素晴らしい亡くなり方をした方はたくさんおられる。その一人に比叡山の根本中堂でも供音式を行った、音楽家で打楽器音楽の巨匠として有名なツトム・ヤマシタの父がおられる。天台宗の一隅を照らす機関紙『ともしび』から抜粋して紹介してみる。

ツトム・ヤマシタは京都に生まれ、父は中学校の音楽教師で、母はツトムの出産より次第に耳が聞こえなくなってしまったという。ツトムは「母が聞くべき音をいただいて音楽家になった」との運命を感じた。

子供の頃から楽器をおもちゃ代わりに遊び、八歳で打楽器に興味を持ち十七歳で単身アメリカに渡った。未だ打楽器はクラシックなど西洋音楽では脇役的存在でしかなかった時代である。後に祖父の出身地の讃岐から出土するサヌカイトという音の出る石を組み合わせた楽器を使うことになった。

何万年前の石を楽器にしているその音は実に繊細な音で、自分以外の人が触ると割れてしまう。先祖から楽器をプレゼントされたような気がするという。ツトムは渡米の相談を父にすると、父は間髪を容《い》れず「行け」と言ってくれた。祖父は四国の讃岐の生まれで、若い頃に日本中を放浪した人であった。京都の美山《みやま》で祖母と知り合い、一生故郷に帰らなかったという。

父は若い頃に、その美山を飛び出して音楽家になろうと京都西陣で書生をしていた。その時に市会議員の令嬢と大恋愛の末、周りの反対を押し切って東京へ駆け落ちし、結婚してツトムが生まれた。父はプロの音楽家になるための努力を重ね、いよいよドイツに留学という時に終戦となった。音楽で若者に希望を与えることに使命を見出し、京都の中学校で音楽教師になった。

とにかく情熱的で徹底してやらなければ本物に会えないという哲学を持っており、大徳寺で二十年以上参禅を続けた信念の人であった。また、日本で初めて吹奏楽を中学教育に取り入れ、晩年には名曲「いろは歌」を作曲した。定年後は各大学から多くの誘いがあったが、落ちこぼれの多い高校の校長先生から「自信をなくしている子供たちがいるので、ぜひあなたに来てほしい」との頼みに躊躇《ちゅうちょ》なく決めた。

ツトムの母も愛情深い、鋭い感覚を持った人で、巨匠といわれたツトム・ヤマシタのコンサートに来た時も、耳はほとんど聞こえていないはずなので「つまんないだろう、音が聞こえないんだから」と言うと、母は「胸を指さし、私は心で感じるから」

と言っていた。

ある年、母が京都府立病院に入院していた時、病院の窓から大文字が見えた。送り火が点火された時、父は母を起こして子供たち全員で見ていた。子供たちにはまだまだ元気な母が重症だとは誰も気が付かなかった。一人、父だけは母の臨終が近いことを悟り、「すぐに行くから待っていてくれ、また向こうで一緒になろうな、また楽しくやろう」と囁《ささや》いた。すると、聞こえないはずの母の目からとめどもなく涙がこぼれ落ちた。

そして、大文字の送り火が消えると共に母は静かに息を引き取った。父は「お母さんの好きだった歌をみんなで唄って送ろう」と言い、子供たちに向かって「俺は一生を通じてお前たちのお母さんから教えてもらったことがある。それは愛だ」。そう言って家族みんなで唄を歌って母を見送った。

その後、母が亡くなって三年が過ぎた頃に、父は「もう、俺の役は終わった。これからは第六感での旅を賞味したい」と思っていたようだ。山下家の永代供養の日、不思議なことに信仰の深い父が観音経の経本を忘れていた。あり得ないことであった。

法要が始まり観音経の読経に差しかかった時、隣に座っている父の肩がすーと寄せられ、体が倒れかけてきた。抱き上げられた腕の中で父の息はすでに絶えていた。最愛の妻と多くの若者の教育に激しく情熱を注いで人生を生き切った男の最期であった。

自分の人生を後悔なく生き切り、こんな穏やかに最期を迎えたいものである。

## 六、嘘を口にしない——天が味方する生き方

仏教の五戒、十善戒の一つに不妄語戒《ふもうごかい》がある。「嘘《うそ》を言ってはいけない」ことである。しかし、分かっていてもなかなか実行は難しい。

インド十九世紀の聖者といえばラーマクリシュナとマハリシといわれている。そのラーマクリシュナがある時、信者からお供養の招待を受け、快く承諾した。

連日、朝から晩まで信者が訪れ、教えを説いており、招待の日の当日も忙しかった。晩遅くにベッドに入ろうとした時、招待の日だと気付き、早速馬車を呼んでその家に行った。当然、家の者は待ちくたびれてすでに寝静まっていたが、玄関の戸をそっと開け、「ただいま来ました」と小さな声で言って、また寺院に戻った。

後日、信者にこの話をした。「聖者は口から出た約束は全て実行する。もし、私の口から出た約束で、ただの一度でも実行しなかったことがあれば、今までの教えは全て嘘だと思ってくれ」。聖者という者はそれくらい嘘を言わない。そして、「もし人が、

口から出る言葉を全て実行するなら、その言葉は必ず実現する力を持つ」と。それ故、聖者は決して「死ね」というような言葉を吐かない。もし言えば、必ずその人は死ぬであろう。誠実な人の口から出た言葉にはそれほどの力がある。

日本でも言霊《ことだま》という言葉があり、言葉には力があるといわれてきた。『日本書紀』の中に桓武天皇の記述がある。ある時、日照りが続き作物が育たないので全国の神社・仏閣に雨乞いの詔を出した。ところが、一向に雨が降らない。そこで、天皇が自ら沐浴をして身を清め、庭に出て天に向かい「雨よ、降れ」と叫んだ。その途端、ザーと雨が降ったと言い伝えられている。徳の高い誠実な天皇の成せる業であろう。これは信仰心の問題ではなく、嘘を言わない誠実な人は全てこの力を持つことができる。

では、信仰心とはどういう心であろうか？

同じくラーマクリシュナの教えにこんなものがある。ある修行者がラーマクリシュナに向かって「私もあなたのように強い信仰心を持って神を悟りたい。どうしたらよいだろう？」と聞いた。するとラーマクリシュナはその男の髪の毛を掴《つか》み、近くの川まで連れて行って、川の中に男の頭を数分間押し付けた。しばらくして頭を上げ「川の中に頭を突っ込んでいた時、何を思っていた？」と男に聞くと、男は「ただただ苦しくて、息を吸うことしか思い浮かばなかった」と答えた。

それを聞いたラーマクリシュナが「それくらいの気持ちで常に神を思っていれば、いつか神に会える。この世の中で多くの人々は苦しみを味わい、流した涙の量は川ほどの多くの量であろう。しかし、ほとんどの人々はコップ一杯ほどの涙も神を思って泣くことはないであろう。それで神を悟ろうというのは無理であろう」

また、こんな話もある。ある指導者が熱心に教えを勉強し、弟子に説いていた。ある日、女性の弟子と寺院にお参りに行く最中に川の辺に出た。あいにく渡し船がなく悩んでいた時に、師の教えを信じていた女弟子が「いつも師は、神を信じていれば水の上さえ沈まずに浮いていられる、と言っていたではないですか？　師よ、何を悩んでいるのですか？」と言い、川の上を沈まずに歩き始めた。女弟子は師が来ないのを見て振り向き「どうしたのですか？」と聞く。

師は神の教えを信じているが、また一方、重力に逆らって水の上に浮くはずはないだろうとも思っていた。案の定、師が進もうとするとずぶずぶと沈んでいく。それを見た女弟子が「師は神を信じ切ってはいないのですね」。師の信仰心は二股の針のようであった。相反する二つの心ではまっすぐに進むはずがないのである。強い信仰心を持つことは何と難しいことであろう。

## 七、天を信じる——強く生きる法

延暦寺居士林《こじりん》の所長をしていた時、外国人の研修が時々あった。坐禅や写経、お坊さんの食事作法等を体験してもらう研修であったが、日本人が考える以上に日本の文化や禅に興味を持ち、食事作法でも日本人と変わらないくらい箸の使い方が上手である。しかし、法話は同時通訳ができなかったので質疑応答にした。

あるヨーロッパの空手家の研修があり、二十人くらいの研修生は皆キリスト教徒であった。「神と仏の違いは?」「天国と極楽の違いは?」等の質問の中で、私が「神はいると信じていますか?」と聞くと全員が「イエス」との答えであった。

次に「天国はあると思いますか?」の答えには全員が「ノー」であった。「では、何処《どこ》で神を感じますか?」の質問には「教会」と答える人がほとんどであった。「では、自分を含め、周りの知人の中で神やイエス・キリスト、マリアを見たことのある人はいますか?」の答えには全員「ノー」であった。

そこで、「私は仏教の仏に会うという体験をしましたが、皆さんの中で神やイエス・キリストあるいはマリアを見た、という人がいたら、どう思いますか?」と質問すると、その答えが非常に衝撃的であった。「そんな人がいたら、まず病院に行きなさい。あなたの頭はおかしい。精神が病んでる、と言ってあげる」との答えであった。

また「神やキリストの声を聞いたことがありますか?」の質問には、同じように「人間の方から神にお願いする言葉を発することはあるが、神の方から人間に話す声が聞こえたら、それは頭がおかしい」とのことであった。完全な唯物《ゆいぶつ》論者であろう。神がいるという信仰心は持っているが、形のある天国や神の姿やキリストやマリアの存在は認めないということであろう。

日本でも戦後、欧米の影響で唯物論的な人がかなり多くなった。しかし、「人間は死んだら終わりで、無になる。霊魂もあの世もない」と自信をもって言える人は少ない。また、講演で「仏を見た修行体験」の話をよく求められるが、私の話を聞いて、「頭がおかしいのではないか」と思っている人はあまりいなかったように思う。

長い間に仏教が日本人の心の奥まで浸透したせいであろうか。日常的に亡くなった祖父や祖母、父や母に対し、「天国から見守ってほしい」、あるいは夫や妻が「来世でまた結婚しようね」、「また生まれ変わってもこの仕事をしたい」など、天国やあの世、輪廻転生《りんねてんしょう》を信じている言葉をしばしば耳にする。

欧米でも少しずつ死と死後の世界についての研究が学者の間でも認められるようになった。その先駆者の一人にアメリカのエリザベス・キューブラ・ロス博士がいる。博士はスイスのチューリッヒで熱心なカトリック教徒の家族で三つ子の長女として生まれた。父が医者になることに反対したので、自ら専門学校に通い、検査技師をしてお金を貯め、三十一歳でチューリッヒ大学医学部を卒業して臨床医となった。

その後、アメリカ留学生のユダヤ人マニー・ロスと結婚、さらにアメリカに渡って医療活動を続けた。マンハッタン州立病院やモンテフィオール病院で死にかけている患者や見捨てられている患者の扱いに愕然《がくぜん》とし、コロラド大学で精神科医の単位を取り、シカゴ大学医学部にて死の間際にある多くの患者から話を聞き、「死と死ぬことについて」のセミナーや講義を繰り返した。未だ死に対しての研究が認められない時代であり、周りからかなりの批難や嫌がらせがあったが、遂に『死ぬ瞬間』の出版に到った。

後に終末医療であるターミナルケアのバイブルといわれ、世界中の言語に翻訳された。それは「死の受容プロセス」と呼ばれ、第一段階は否認、第二段階は怒り、第三段階は取引、第四段階は抑うつ、第五段階は受容、「自分が死ぬことを否定してゆく段階から徐々に変化して行き、最終段階で自分の死を受け入れる」というものである。

その後、世界各地で講演、二十冊もの死をテーマにした本を書き、複数の大学から二十以上の名誉博士号を授与された。多くの末期患者や臨死体験者の話を聞くことから始まり、霊的存在との交流である異界とのチャネリングという神秘体験や、体外離《たいがいり》脱体験《だつたいけん》で宇宙意識に目覚めるなどあらゆる体験をした。

その後、私財を投じて死にゆく患者のためのセンターを開設するなどホスピス運動に大きな影響を与えた。晩年はエイズ患者のためのセンターを開設したが、近隣住民の理解を得られず閉鎖、最後は火災により焼失した。脳梗塞《こうそく》により体調を崩してからはアリゾナ州に移り住み、静かに終わりを迎えた。

博士はキリスト教の深い信仰心はあったが、科学的で理性的であり、瞑想もしないし、菜食主義でもなく、グルもいない。しかし、あらゆる神秘体験をした後に、遂に霊魂の存在、死後の世界、輪廻転生を信じるようになったのであった。いつか東洋の仏教と西洋のキリスト教が融合して明らかに「死と死後の世界」を究明する日が来るであろう。

## 八、自然を愛でる――心にいつも太陽を

まだ、私が仏教の世界に入っていない頃の話である。北海道の文化は明治以降のことが多いため、私の周りには神社・仏閣よりキリスト教の教会の方が多い。従って私も自然とキリスト教に魅《ひ》かれた。特に魅かれた聖者がアッシジの聖フランシスコである。お坊さんになっても比叡山は諸宗教、諸宗派の対話や祈りのある環境から、キリスト教に対しても触れ合う機会があった。また、知人に頼まれて、生まれる子供の名前を「くらら」と命名した。聖フランシスコの弟子である、聖女クララの名前から取ったものである。

聖フランシスコは十二世紀にイタリアのアッシジで豪商の家に生まれ、陽気な性格で物惜しみない親切な性格で多くの人に愛された。たくさんの貧しい民に施しをし、自分自身も豪遊の毎日であった。

しかし、「フランシスコよ、わが家を建て直せ」という神の声を聞き、サン・ダミアノ教会を修復し始めた。ある日、遂に全ての持ち物、着ていた服までも一切を捨てて神の道に従った。即ち聖書の言葉「金銀または銭を汝らの帯に持つこと勿《なか》れ、旅袋も二枚の下着も、靴も杖もまた同じ、そは働く人はその糧《かて》を受くるに値すればなり」に従い、農民の着るナッパ服を身に纏《まと》い、縄ひもで腰を縛り、戸口戸口に食を乞うて、神の言葉を唱えながら福音を広めた。次第に彼の清貧な生活に魅かれる者たちが集まり「小さき兄弟会」という修道会が生まれた。

さらに、クララという名家の美しい令嬢が清貧の生活にあこがれて、弟子になったのをきっかけに、他の多くの名家の令嬢もクララに従って弟子となっていき「クララ会」ができた。修道院長である聖女クララは修道院に閉じ籠《こも》り清貧の生活を実践したが、聖フランシスコはあちらこちらに福音を広めるため歩き回り、神を賛美した。また、小鳥にもその心を感じ、説教したという。

遂にアルヴェルナ山にてキリストのご苦難を自らの体に体現する奇跡を受けられ、両手、両足、脇腹に聖痕印を与えられた。しかし、聖なる断食と福音を伝えるために各地を歩き回った。体力は限界に達し、極限の疲労により目は光を失い、遂に重病になって四十四歳で亡くなった。

彼は晩年、「目に見えるもの、手に触れるものは全て神のみ業であり、愛すべき兄弟である」との境地に到り、有名な「太陽の賛歌」ができ上がった。最後は死さえ、姉妹なる死と喜んで受け入れたという。

「太陽の賛歌」全文を紹介する。

いと高き全能の善き主よ、
賛美と栄光と栄誉とすべての祝福は御身のもの。
いと高きお方よ、おん身だけがこれらのものにふさわしい。
だれもおん身のみ名を呼ぶにふさわしくない。
賛美せられよ、わが主よ、すべての被造物によって、
わけても兄弟なる太陽によって、
この兄弟は昼をつくり、この兄弟により御身はわれを照らす、

この兄弟こそは美しく、大いなる光輝を放射しつつ、
いと高きお方よ、照り返しをなさる。
賛美せられよ、わが主よ、兄弟なる風のために、
空気と雲と、晴れた空と、すべての天候のために、
これらの兄弟をもって、おん身は被造物を支えられる。
賛美せられよ、わが主よ、姉妹なる水のために、
この姉妹は大いに益あり、謙遜で貴く、貞潔。
賛美せられよ、わが主よ、兄弟なる火のために、
この兄弟は美しく、快活でたくましく、力強い。
賛美せられよ、わが主よ、姉妹なるわれらの母たる大地のために、
この姉妹はわれらを支え、われらを治め、
あらゆる果実を、いろとりどりの花と草と共に生み生かす。
主を賛美し祝福し、感謝せよ、
大いなる謙《へりく》だり、主に仕えよ。

——ドン・ボスコ社『アシジの聖フランシスコ』J・ヨルゲンセン著　佐藤要一訳

仏教東漸《とうぜん》という言葉がある。仏教が東に東に次第に広まって行き、極東で完成するという。インドで生まれた仏教が日本の比叡山で花開いた。平安時代に比叡山では「山も川も草も木も石も全ては仏性（仏になる種）を持っており、成仏する」という真理に達したのである。

私は、時を同じくして西洋の聖フランシスコが実践した、「全てのものを神のみ業として讃えた賛歌」と東洋の比叡山で実践された「山川草木全てが仏性の現れであり礼拝する」がまさに一致した感じがする。

# 九、的確に質問する——あるユダヤ賢者の教え

私が十二年籠山《ろうざん》に入り、四年目の平成四年であったろうと思う。延暦寺からキリスト教の方を数名、世話してほしいとの連絡があった。ユダヤ人のアンドレ・シュラキ氏と通訳の方々であった。

アンドレ・シュラキ氏はイスラエルの賢者である。アルジェリア生まれのユダヤ人でフランスの在住中に旧約聖書、新約聖書、コーランの三つを原典からフランス語に訳し、ベストセラーになった聖書翻訳家の学者さんである。一人の人が三の聖典を訳したのは世界で初めてであった。

また、イスラエルでユダヤ人、アラブ人を隣人として生活し、エルサレムの副首相を務めた政治家であり、シオニストである。子供の頃からの小児麻痺《まひ》があり、足が少し不自由であったが、元気であればイスラエル大統領になった方である。世界中の聖

地を巡礼し、比叡山以外に伊勢神宮もお参りされた。

通訳の神藤さんともう一人の北沢さんは「キリストの幕屋《まくや》」のメンバーで滋賀県での総会にシュラキ氏を招待されたようだった。

「キリストの幕屋」主宰の手島郁郎《てしまいくろう》氏が起こしたペンテコステ派の無教会運動の一つである。幕屋とは砂漠に住むイスラエルの民にとって神が在する移動式の聖所のことである。しかし、他の形骸化した無教会主義者から離れ、病気治し等の奇跡を行ったために異端者扱いをされた。当初、熊本でヘブライ語やギリシャ語による聖書研究を重視していたが、次第にイスラエルに住むユダヤ人の重視に変わり、弟子たちをイスラエル留学させ、働かせた。

また、年一度の聖地巡礼を組織し、イスラエルの高位聖職者を幕屋の会合に招待するなどの活動、またイスラエル国家支援の活動を行った。手島郁郎氏が亡くなった後は、複数の指導者により運営され、イスラエルとの関係はより強化された。昭和六十三年にはエルサレムに幕屋センターが開設され、日本の文化講座やヘブライ語研究の書籍の出版等がなされている。その流れの中で、神藤さんも一流企業を辞め、イスラエルに留学された方である。

アンドレ・シュラキ氏一行は比叡山に三日ほどの滞在だったと思うが、夕方から晩にかけていろいろ話をした。特に印象的だったのが、私がシュラキ氏から質問された時に、考えを纏《まと》めるのに少し間が空いた。その時、シュラキ氏は「ユダヤでは言葉に窮した時は、逆に質問するんだよ」と言われた。ユダヤ人の考え方の一端を見たようで、なるほどと感心したのを記憶している。帰国後、数年して亡くなったと聞いた。

それから月日は経ち、二十五年振りに神藤さんにお会いした。神藤さんの息子さんも一緒だったが、お父さんの影響か、ヘブライ大学卒業後、さらにアメリカのハーバード大学・ユダヤアカデミーで学び、現在もアカデミーで教鞭《きょうべん》をとっていると聞いた。ぜひ、一度イスラエルに行きましょうと言っていたが、残念ながら世界的なコロナウイルス感染のために中止となってしまった。

# 十、時間を有意義に使う——人間の五十年は天の一日

子供の頃は感覚器官も鋭く、目にするもの、味わうもの、全てが初めての体験であるので一日が非常に長い。しかし、成長するに従って、感覚器官も次第に鈍くなり、初めての体験も少なくなり、だんだん一日が短く感じるようになる。

また、眼《げん》・耳《に》・鼻《び》・舌《ぜつ》・身《しん》・意《い》の六根の感覚器官が鋭い時期は、その感覚に捉われて、しばしば物事の正確な判断を誤る。

しかし、年齢を重ねると共に、経験から得た知恵や知識と感覚器官が鈍くなったことにより心の乱れが少なくなり、正確な判断ができるようになる。人生の悟りを得た境地である。しかし、それは修行に因《よ》って得た悟りとは違う。それ故に、お釈迦様は「感覚器官の鋭い時に、感覚器官を制御することこそが修行である」とおっしゃっている。ところが、若い時に感覚器官を楽しむのはやはり嬉しく、「齢をとったら楽し

めないのだから」と青春を謳歌《おうか》する。誰も若い時に感覚器官を制御しようとは思わないものである。こうして楽しい時間は瞬く間に過ぎ、やがて死を迎える。

それでも、人によって時間の感じ方は様々である。楽しい時間は瞬く間に過ぎ、苦しい時間は時間が経つのが遅く感じる。しかし、どの人も人間界では一日二十四時間である。

では、仏教では六道輪廻を説くが、「人間界以外の世界ではどうか」というと、それぞれの世界で時間の進み方も寿命も異なるのである。この世では、悪いことをした人に対して他の人は「彼は極悪人だ。神や仏はいないのか？ なぜ、すぐに罰が当たらないのか？」と言う。仏教は自業自得であるので、慈悲深い仏が罰を与えるということはない。

神様は罰を与えるというが、天の世界では低い方の四天王天でさえ、その一日は人間の五十年であり、寿命は五百歳である。「罰が当たらないのか？」と三十年待っていた所《ところ》で四天王の神の世界では一日もまだ終わってないのである。

大乗仏教に瑜伽行唯識派《ゆがぎょうゆいしきは》がある。その教えを簡単にいうと、「個人個人にとってのあらゆる存在が、八種類の識（眼識・耳識・鼻識・舌識・身識・意識・末那識《まなしき》・阿頼耶識《あらやしき》）に因って成り立っている」という捉え方である。人が感じる広範囲の表象や認識行為、あらゆる意識と無意識の領域である。そして、これらは「無常」であり「空《くう》」であるとの考えである。

唯識論弥勒《みろく》を発祥とし、無着《むじゃく》と世親《せしん》の二人の兄弟が大成した。弥勒は『現観荘厳《げんかんしょうごん》論《ろん》』を著し、無着は『摂大乗論《しょうだいじょうろん》』を、世親は『唯識三十頌《じゅ》』『唯識二十頌』を著して教えを弘めた。弥勒は実在する僧であったとの説と兜率天《とうそつてん》の弥勒菩薩であるとの二つの説があるが、その無着と弥勒菩薩にこんな話がある。

無着は弥勒菩薩に会いたいと思って山中に籠《こも》り、厳しい修行をしていた。しかし、三年経っても何の兆しも見えなかったので山を下りた。街に出ると一人の老人が、大きな鉄の塊を削って針を作ろうとしていた。その様子を見た無着は自分の努力などまだまだ足りないと思い、再度山に籠り修行に励んだ。

再び三年の月日が流れたが、弥勒菩薩に会える何の兆しも見えず、行を諦め、山を下りて街に出た。すると、俄《にわか》に雨が降ってきたので、ある家の軒先に雨宿りした。その時、軒の先から滴り落ちる雨だれが岩に大きな穴を開けているのを見た。無着は、ハッとして自分の努力不足を悟り、また山中に戻った。

三年後、何の兆しも見えなく、今度こそ止めようと決心して山を下りた。街に出ると大きな怪我をしている犬に出会った。見ると怪我をしている傷口にたくさん蛆《うじ》がわいている。哀れに思ってその蛆虫を取ってやろうと思ったが、手で取ると小さな虫が潰れてしまった。そこで勇気を振り絞って舌でその虫を一匹一匹取ってやることにした。そうして最後の一匹を取り終わった時、犬の姿は消えて弥勒菩薩が姿を現したという。

無着は少し怒りながら「なぜ今まで姿を現してくださらなかったのですか？」と言うと、弥勒菩薩は「私はいつもお前の傍にいたんだよ。しかし、お前は自分の行にばかり気を取られて、私の姿を見ることができなかったのだ。お前が行の途中で唾を吐くものだから、私の着物はお前の唾の跡だらけだ」。そう言われて無着は自分の不徳を恥じた。

それから無着は弥勒菩薩に連れられて兜率天に行った。ほんの数日、滞在して親しく教えを受けた。この教えが後の『現観荘厳論』である。教えを学び終わった無着は、その教えを弘めようと人間界に戻った。すると何と人間界では数十年の時間が過ぎていた。

人間界の百年が短いか、長いか、人によって感じ方が違うが、楽しいことも苦しいことも天界に比べれば僅《わず》かの時間である。天の寿命は人間界に比べれば永遠に近いほど長い。逆に地獄は、その天の寿命よりさらに長いと仏教では説かれている。

その環境もまるで異なる。地獄の業火の熱さといったら、人間界の火などヒマラヤの雪のように冷たいといわれる。人生、光陰矢の如し、有意義に使うべきであろう。

# 十一、死後の世界を思う――人材養成の道場

比叡山は最澄上人が人材養成の道場として開かれたので、現在、山上での葬式はないし、お墓もほぼ延暦寺のお坊さんの墓のみである。

しかし、日本の仏教は俗に葬式仏教といわれ、信者の祈願を行う寺院もあるが、多くの寺院が檀家を持ち、通夜・葬儀・回向の法要が主である。その葬式も残念ながら、今では儀式化され、その意義も檀家に説明しない寺院も年々増えている。そのため、檀家離れも多く、檀家でない家庭では葬儀をする意義も分からなくなり、近親者だけの葬儀式もなく、偲《しの》ぶ会のみ行う家庭が多くなってきた。

ある時、知り合いのお坊さんから「最近読んで、感動した本の中で『死んだらおしまいではなかった』というのがあるのですが、知ってますか?」と聞かれ、勧められるままに購入して読んだ。浄土宗大念寺住職大島祥明《おおしましょうめい》師が書かれたものであった。

世間では「人は死んだらどうなるのか?」「霊魂はあるのか?」の問いに霊の存在を「信じるか?」「信じないか?」の問題だと片付けるが、お坊さんも実は同じである。霊感のあるお坊さんならともかく、特別な能力がない多くのお坊さんにとっては、仏教の教義は知っているが、現実に「霊魂があるか?」「霊魂はないか?」は分からない。「信じるか?」「信じないか?」である。それ故、亡くなった親族の方から「成仏するんでしょうか?」と聞かれると答え難い。

著者の大島師は「なんとか故人の心、気持ちを汲み取れないものか?」と必死になり、二千件以上の葬儀を行う中でその答えを見つけたのであった。「死者の霊魂は確かに存在するものである」という確信である。葬儀を行う中で次第に故人の性格や生前の事、亡くなった後の気持ちなどが感じ取れるようになったというのである。そして「葬儀の本質は本人に死んだことを悟らせ、俗世の未練を断ち切らせることにある」という。また僧侶が引導を渡すとは「本人に最早この世には戻れないことを知らせること」という。そして故人の供養は遺族の心からの祈りが本義で大切である。では、本人が死を自覚するまでどのくらいの期間が必要かといえば、中陰(中有)と呼ばれる四十九日くらいまでが多いが、この世に未練を残して何年、何十年、何百年とかかる場合もあるという。

さて、成仏という言葉がある。本来は文字通り、悟って仏に成ることであるが、実際に世間で使われている意味は宗派によって考え方が違うが、著者がいう「本人が死んだことを悟る」ことの意味で使われていることが多いと思う。

では、仏教で昔からいわれている、「本人が死んだことを悟り、次の世界に生まれ変わるまでの期間である中陰（中有）」とはどのようなものであろうか。死後の世界に再生するまでについて書かれたものはチベットには『死者の書』があるが、現代の日本で日常伝わっているお経は少ない。インドの『倶舎論《くしゃろん》』や『瑜伽師地論《ゆがしじろん》』『大乗阿毘達磨集論《だいじょうあびだるましゅうろん》』に書かれているが、天台宗に伝わっているお経では『地蔵十王経《じぞうじゅうおうきょう》』があり、その注釈書に『十王讃嘆修善鈔《じゅうおうさんだんしゅうぜんしょう》』がある。『地蔵十王経』は中国作、または日本作ともいわれ、日本では中国の道教と日本の仏教が合わさったお経である。日本の本地垂迹《ほんじすいじゃく》説に則り、中国の十王の神に対し仏教の十の仏・菩薩が本地である。七日ごとに裁きがあり、生まれ変わる世界が決められるという。

初七日……泰広王《しんこうおう》　不動明王　殺生について取り調べる。
二七日……初江王《しょこうおう》　釈迦如来　偸盗について取り調べる。
三七日……宋帝王《そうていおう》　文殊菩薩　邪淫について取り調べる。
四七日……五官王《ごかんおう》　普賢菩薩　妄語について取り調べる。
五七日……閻魔王《えんまおう》　地蔵菩薩　六道の行き先を決定する。
六七日……変成王《へんじょうおう》　弥勒菩薩　生まれ変わる場所の条件を決定する。
七七日……泰山王《たいざんおう》　薬師如来　生まれ変わる条件を決定する。

そして、この日に合わせて、故人の追善供養をすると地獄等の悪趣に落ちず、人間界や天界や極楽世界に生まれるという。もちろん、百箇日や一周忌、三回忌でも追善の供養をすると人間界や天界や極楽世界に生まれるという。また、世間でよくいう三途の川は二七日に渡り、一生の善業悪業を写す浄玻璃鏡《じょうはりきょう》は五七日の閻魔王の所にあるという。

では、チベットの『死者の書』では、中有のことはどのようにいっているであろう。

仏教では四つの有（存在状態）がある。生有は母の子宮で受胎する瞬間。本有は母の子宮で育って、この世に誕生し、死ぬまでの状態。死有は死の瞬間。中有は死の瞬間から生有までの間の状態である。

中有（中陰）について、チベット仏教最大の宗派であるゲルク派の『死者の書』によると、人は死ぬと、主観と客観との対立を離れた状態によく似た晴朗で非常に清浄なビジョンが現れる。即ち「死の光明」を体験する。この「死の光明」の間は体が硬直せず肉体も腐らない。この状態が三日くらい続く。もちろん、病気など体が衰弱してこの兆しがない人もいるし、高い境涯に到達した修行者で三日以上長く留《とど》まる人もいる。しかし、多くの人はこの「死の光明」に気付かないという。「死の光明」が終わると肉体は腐り始め、新たに微細な意識と風《ルン》でできた身体ができ上がる。この時点で来世に人間に生まれる者は人間の姿を、動物に生まれる者は動物の姿というように次に生まれるべきものの姿となる。

そして、来世に生まれるべき場所と食物である「香」を捜し求める。一般に亡くなった後、お線香を絶やさないようにするのはこのためである。この中有の体は五体満足で欠ける所はなく、自分の生まれる場所を除き、障礙《しょうがい》なく何処にでも行ける。中有の者の寿命は最も長くて七日である。この間に生まれ先が見つからなければ七日目に小さな死を迎える。もし、この七日の間に親族が追善供養してくれれば別の中有の体を得ることができるという。小さな死があっても次に生まれる先を見つけられなければ最長七週間、即ち四十九日間、中有の状態が続く。

そしてこの中有の体がいったんできてしまうと、死ぬ前の肉体に入ろうという気は起きないという。この中有の体が肉体を出る時、肉体のどの場所から出るかで生まれる先が分かるという。

例えば、地獄に生まれるならば肛門から、餓鬼《がき》なら口から、畜生なら尿道から、人なら目から、六天なら臍《へそ》から、阿修羅《あしゅら》なら鼻から、乾闥婆《けんだつば》なら耳から、色界《しきかい》の天なら眉間から、無色界の天なら頭頂から出るという。中有の者同士は同じレベルとそれ以下のレベルは見ることができるが自分より上のレベルは見えない。また、中有の者が自分の生まれる先に行く時、天界に向かう者は上向きに進み、人間界に向かう者は正面を向いて進み、地獄等の悪趣に向かう者は頭を下に向けて進むという。

チベットの『死者の書』には死ぬ瞬間の「死有」、中有から生まれ変わる「生有」についても詳しく書かれているが、ここでは割愛する。いずれにしても、霊感能力のない多くの人にとっては死後の世界はまさに未知の世界である。

# 十二、見えないものを大切にする
## ——変革の時代の生き方

風水では二〇二一年から風の時代に入り始め、二〇二四年の十一月から本格的な突入という。約二百年に一回、世界を作っているエレメント即ち火、土、風、水の順に移り変わるという。

土の時代は十九世紀に産業革命が起こり、武力から資本主義の時代へ移行、固定概念、土地や建物といった不動産、終身雇用、生命保険、お金や物質主義といった物や形即ち見えるものに価値が置かれたのに対し、風の時代は知性、情報、コミュニケーション、教育といった目に見えないものに価値が変わり、独創的発想や自由や多様性、幸せといった内面の豊かさの価値が高まるといわれる。

現在の情報はフェイクも含めて氾濫しているし、貨幣も未だ使われているがデジタル化やカード決済で数字だけが動いている。男女問わず人間関係は多様化し、見た目だけで男女を判断する時代ではなくなり、結婚や家族制度も自由でありたいとの考えが強くなってきた。グローバル化により先進国の多くは移民を受け入れ、多民族国家が多くなってきている。いずれ国家という概念そのものが崩れる日が来るのではないか？

科学においても変化があった。物理現象は誰が見ても同じであり、その法則性を発見するのが通常であったが、近年の量子力学では原子や分子よりさらに小さい素粒子（波のようなもの）を扱う。現在、素粒子は十七種類分かっているが、その中の一つ「フォトン」という素粒子が意識や感情を作っているという。その意識や感情の波は同じ周波数同士で共振し合う。即ち意識や感情の波が日常生活や世界に大きく影響し、世界を作り上げていくというのである。仏教では「三界は一心の作」といい、眼耳鼻舌身意で捉えられる世界の全ては自身の心が作っていると考える。心の波動が三界の世界を作るということを奇しくも、科学が証明したといわれる。

戦後八十年経つが、すでに八十年前に次の時代は心の時代といわれた。その心の時代の中心は東洋の考え方といわれる。仏教は約二千五百年前の当初からその悟りには男女の差別もなく、国や民族や家族の差別もなく、能力の差別もなく、実体のない空であるという。その空はないという意味ではなく、一切を生じるエネルギーを持ち、一切を作る有でもある。

量子力学でいう素粒子も当然平等で男女で差別もなく、雲のように実体のない曖昧なものであるという。そしてその素粒子は莫大なエネルギーに満ちた「ゼロポイントフィールド」から絶えず生み出されるという。いずれ仏教の悟りが量子力学という科学で証明される日が来るかもしれない。

第二章

# 心を磨き、人間として成長する

――十二の心得

# 一、丁寧に挨拶をする――「一隅を照らす」心得

今日、マスコミで知られるようになった比叡山の荒行というと「千日回峰《かいほう》行」が有名であるが、戦後最初に行った人に葉上照澄《はがみしょうちょう》阿闍梨《あじゃり》がいる。

葉上師は岡山の出身で、子供の頃から非常に体が弱くて医者から「三十歳まで生きられないだろう」と言われた。しかし、明治生まれの「何くそ」という気骨があり、勉強だけは頑張った。その甲斐があって後に東大に入り哲学を勉強した。卒業後、寺の息子というご縁もあり、東京の仏教系の大学である大正大学の教授となっていく。

その頃、同じ郷里の女性と親しくなり、大恋愛の末に結婚された。しかし、奥さんも非常に体が弱く、三十一歳という若さで病のため亡くなってしまう。最愛の奥様を亡くされ落ち込んでいた時、学生が恩師の奥様が亡くなられたというので三日にわたりお経を読んでくれた。葉上師はそれまでお坊さんは不労所得で食べていると思って

いたので嫌いだったが、学生のお経を聞いて癒され、「自分が真剣にやっていなかったから勘違いしていたのだ」と信仰に目覚めたという。これがきっかけとなり、もう一度自分の生き方や生死というものについて深く考え直したいと思い、大学教授を辞めて郷里の岡山で山陽新聞の記者をしながら、塾を開いて人の生き方について講義した。

その時に日本は終戦となったのである。早速、新聞記者としてミズーリ号上の降伏文書調印式の取材に横浜港に押しかけた。その時のマッカーサーの態度を見た時「ああ、日本は精神的にも負けた」と実感したという。それは、きわめて淡々とした態度で、微塵《みじん》も勝者の奢《おご》りがない姿であった。

しかし、日本はもう一度復興のために立ち上がらなければならない。そのためには若い者の教育の立て直しが必要であると考えた。そこで、葉上師は人を導いていくにはまず、自らを鍛えていかなければならないと思い、千日回峰行に入ったのであった。当然、体の弱い人であったので友達は皆「死ぬから止めろ」と反対したが、命懸けで挑《いど》んだのであった。

こうして毎日、命がけで歩いている千日回峰行の三百日が満行した頃、当時の天台座主《てんだいざす》が比叡山高校の校長先生をしてほしいと言われた。前代未聞の話である。しかし、座主から「何もしなくていいし、何もしゃべらなくてもいい。校長が毎日、一日も休まないで命懸けで歩いている姿を生徒に見せてやってくれ。その姿を見せること自体が生きた教育だと思う」と言われ、「なるほど、それもそうだ」と思って引き受けた。伝教大師《でんぎょうだいし》最澄上人の『山家学生式《さんげがくしょうしき》』を興隆して、比叡山を現代の理想的な教育の場にしたいという思いもあって、座主の要請を受けたのである。

真夜中の二時に出峰し、山麓の坂本の町を八時頃に通る。白装束の草鞋履《わらじば》きの行者姿のまま、雨の日はずぶ濡れになったまま学校の講堂に入っていくと、生徒たちはその姿を見てシーンとするという。「おまえたち、しっかりやれ」と言って、般若心経をお唱えして終わるのだという。

校長先生になって最初にやったのは、伝教大師の『山家学生式』の「一隅《いちぐう》を照らす」という言葉を校訓にすることであった。生徒たちには「自分のポストにベストを尽くしなさい」という言葉で説明した。また、校門を入った坂の上に伝教大師の童形の銅像を安置し、登下校時に「おはようございます」「さようなら」と言うように指導した。具体的なものがないと規律ができないと考えたのであった。同時に授業の前と終わりには学級委員長に号令をかけさせ、先生に礼をさせるように命じたという。

おかしな話だが、敗戦後間もなくは日本の教育は大変混乱していて、授業の前後の礼はなく、「何となく始まり、何となく終わるという」放任主義だったという。この校長先生の行為は当時の大津市で問題となり、教育委員会の委員や市長までが学校にやってきたというから、皆迷っていたのであろう。それに対して校長先生、即ち葉上師が「礼儀も教えないようなものは教育でも何でもない。私は断固としてやらせる」と言ったら、賛成でもなければ、反対でもなかったという。「まあ、一つくらい、こういう学校があってよいか」ということになったらしい。

学生に「もっと学びたい、精神レベルを向上させたい」という心を育てることが最も重要である。そして、「人間が一つの目標を持って命懸けで成し遂げようと思えば、どんなに体が弱くとも必ず体はついてくる。私が身を以て体験した。それをぜひ子供たちに伝えたい」と努力を惜しまなかった。伝教大師の教えは、今日でも人を育てる上で生かされている。

葉上師はその後、伝教大師の「一隅を照らす」運動を世界中に布教した。特に中東のエジプトと親しくし、まず文化交流から始め、後にサダト大統領と親しくなった。大統領就任の時も「一隅を照らす」を軸に書いて手渡し、こう言った。「大統領に就任にしたのだから自分のポストにベストを尽くしてほしい。そこで一つ提案がある。大統領の就任中にイスラム教・キリスト教・ユダヤ教のそれぞれのトップが集まり、手を取り合って和解の儀式をしてほしい」。それに対してサダト大統領は「必ず、私の就任中に致します」と約束された。

その後、シナイ山でイスラム教・キリスト教・ユダヤ教のそれぞれのトップが手を取り合って和解し平和を祈る儀式が行われた。しかし、そのために大統領はイスラム教の過激派に暗殺された。葉上師は「私が身代わりになればよかった」と嘆いたが、死ぬまで世界平和のために布教された。昭和六十二年には比叡山山上で全世界の宗教者のトップが平和の祈りを捧げる宗教サミットが行われたが、葉上師の提案であった。まさに一生、伝教大師の「一隅を照らす」運動の布教と平和に努めた道心のある人であった。

## 二、心の目で見てみる――無我の境地のすすめ

私の敬愛する高僧の一人に静岡県三島の臨済宗《りんざいしゅう》龍澤寺《りゅうたくじ》の山本玄峰老師《げんぽうろうし》がいる。私が幼き頃に遷化《せんげ》されたのでお会いしたことはないが、その生き方に非常に感銘を受けた。

老師は慶応二年（一八六六）、和歌山県の湯の峰《ゆのみね》でお生まれになり、生後すぐに養子に出され育った。十九歳の頃に目を患い失明の宣告を受け、いろいろな治療を施したがよくならず、四国遍路《へんろ》をしたら治るかもしれないとのことで、必死の覚悟で臨み、裸足で八十八ヶ所を七遍巡ったが遂に八遍目に行き倒れ、三十三番札所の雪蹊寺《せっけいじ》の住職山本太玄《たいげん》老師に介抱されて逗留《とうりゅう》した時に「お坊さんになりたい」と申し出て僧侶になった。

住職に「私のような字も読めない、目も見えない者でもお坊様になれますでしょう

か」と聞くと「そこらの普通のお坊さんにはなれないかもしれないが、心の目を開けば本当のお坊さんになれる」と答えられたとのことである。それからの精進は並大抵の苦労ではなかった。目もほとんど見えない中で毎晩皆が寝静まってからお経を覚え、禅語録を読み、ひたすら坐禅するのである。人の何倍もの苦労を重ねた老師は白隠禅《はくいんぜん》師《じ》の再来とも噂《うわさ》され、後に荒廃していた白隠禅師の名刹《めいさつ》龍澤寺を再興し、一時本山妙心寺管長にもなられた。

逸話の多い方であるが、その中でも有名なのが終戦の昭和天皇の詔勅《しょうちょく》「時運の赴《おもむ》く所、耐え難きを耐え、忍び難きを忍び、もって萬世《ばんせ》のために太平を開かんと欲す」の言葉、いわゆる玉音《ぎょくおん》放送の言葉である。老師は終戦時の首相だった鈴木貫太郎と親しくされ、組閣の時に送った手紙が「耐えがたきを耐え、忍び難きを忍んで、この困難にあたってください」であり、この手紙が元になったといわれている。

さて、多い逸話の中で特に私が感動した話がある。戦後北海道に講演に行った中の一つに、旭川《あさひかわ》の市役所で講演があって、当時の旭川市長をはじめ来賓・市職員に禅の話をされた。あまりにも素晴らしかったので来賓の旭川刑務所の所長が「うちには二千人の受刑者がいる。ぜひ、その素晴らしい話をもう一度してほしい」と懇願された。しかし、鞄持《かばんも》ちの僧が「これから二十分で岩見沢《いわみざわ》に行かなくてはいけない、無理です」と断った。ところが聞いていた老師が「三分でも五分でもいいから話をしよう」と言い、すぐさま所長が電話をして受刑者を集め、用意した。

しかし、受刑者にとっては坊主の話など全く聞く気もない。わいわい騒いでお互いにしゃべっている中、老師が来て高い壇に上がると、老師は合掌して涙を流しながら「済まんことじゃ、済まんことじゃ、立派な仏教の教えがありながら、わしら坊主がさぼって充分弘めなかったために、あんた方はこんな寒い北海道の地で酷《ひど》い目におうておる。堪えてくれ、堪えてくれ」と泣かれた。すると皆がシーンとなった。「残念ながら多く話をしている時間がないが、どうか、あんたらは今こうゆう目におうとるが、腹のどん底には仏様と寸分変わらんものを持って生まれてきとるんじゃからのう、今日ただいまからはその腹の底の仏様を大事にいなさいよ」と言いながら、涙を拭き拭き、壇を降りられた。

先ほどまでシーンとしていた受刑者たちが、今度はわんわん泣きながら老師をいつまでも見送ったという。まさに慈愛の高僧の涙が、一瞬にして受刑者の心を変えたのだ。私も時々講演を頼まれるが、人を感動させるような話はなかなかできない。ましてや人の心を変えるような説法は尚更である。いつかそんな僧になりたいものである。

## 三、「納得したか？」と自問する──求道のすすめ

戦後、マスメディアの影響、特にテレビで放送されるようになって、比叡山の千日回峰行が多くの人に知られるようになった。

千日回峰行とは、真夜中の二時に起きて冷たい水をかぶり、身を清めて真っ白い浄衣《じょうえ》を着てお勤めをする。お勤めが終わると畳の上でわらじを履き、比叡山の峰々を仏・菩薩はもちろん神様さらに木や草、霊石に至るまで一周約三十キロ、二百七十ヶ所以上を拝んで回る修行である。しかし、比叡山の最高峰は八百四十八メートル、当然冬は雪がかなり積もる。冬に歩くことはできないので、冬の季節を除いた百日間あるいは二百日間が規定で七年かけて千日回峰行を行う。

千日の中、最大の難関といわれるのが、九日間お堂に籠《こも》る堂入りである。七百日目に一周約三十キロメートルを歩き、坊に戻ると着替えて、その日からお堂に籠り、九

日間は食べ物、水を一切口に入れることはなく、寝ることも横になることも許されず、九日間で十万遍不動明王《ふどうみょうおう》のご真言をお唱えする。人間はたとえ食べなくても水さえ飲んでいればひと月くらいは生きられるといわれるが、水一滴も飲まなければ七日間が限度といわれる。その限界を越えて九日間行うのが堂入り行である。その過酷さから四日を過ぎると死臭がし始め、七日を過ぎると瞳孔が開き、もはや死んでいると診断されるほどの極致となる。

この行が満行すると生きた不動明王とみなされ、自分の行のみならず化他行《けたぎょう》に邁進《まいしん》する。即ち、七百日から八百日にかけての百日間は、比叡山の峰々の三十キロに加え、京都の赤山禅院《せきざんぜんいん》までお参りに行く。一日約六十キロである。さらに八百日から九百日のかけての百日間は京都の市内の神社・仏閣まで拝み、約八十四キロを歩く。最後の九百日から千日の百日間は比叡山の峰々の三十キロ、千日間で歩く総距離は地球一周ほどの距離、約四万キロを踏破する。

さて、この比叡山の回峰行の影響を受けて戦後、大峯山《おおみねさん》千日回峰行ができた。この行に最初に挑んだのが柳澤眞悟《やなぎさわしんご》師である。柳澤眞悟師は昭和二十三年長野県茅野《ちの》市に生まれ、二十五歳で金峯山寺《きんぷせんじ》に入寺された。二十七歳の時に最初の百日回峰行をされ、次の年千日回峰行に入った。

大峯千日回峰行は、吉野山金峯山寺蔵王堂《ざおうどう》から大峯山本堂までの四十八キロを五月三日から九月二十二日までの四ヶ月間、百四十三日を八年かけて歩く行である。これが終わると比叡山の堂入りと同じように、四無行《しむぎょう》といって九日間食べず、飲まず、寝ず、横にならずで、九日間で不動明王並びに蔵王権現のご真言を各々十万遍のお唱えをする。

最近、柳澤眞悟師に聞いた話であるが、最初の百日回峰の時、後半を過ぎ、体調を崩し、食べ物が喉を通らない、水も喉を通らなくなり、遂に九十日目くらいに歩いている最中に倒れてしまった。回峰行はもし歩けなくなれば、死ぬしかない掟《おきて》である。どうやって死のうか考えている時、後ろから歩いてきた回峰行者に「こんな所でどうした、しっかりせよ」と声をかけられ、ハッとして気を取り戻し、何とか歩き通して満行した。

しかし、納得いく修行でなかったため、師僧である五條順教《ごじょうじゅんきょう》管長に申し出て再度挑戦した。無事満行したものの「納得いくまで歩かせてほしい」と再再度願い出たところ、「自信があるのか?」と聞かれ、迷うことなく「はい」と答え千日回峰行に入ったそうである。かくして昭和五十八年、三十五歳の時に大峯山修験道《しゅげんどう》千三百年で初めて過酷な千日回峰行を満行された。翌五十九年、四無行に入った。ところが、七日目に入り体調が崩れ、一時はもうだめだと思ったが、何とか気力を振り絞り、遂に満行となった。だが、四無行の深い反省と共に、納得いくまで行に挑もうとした柳澤師は平成元年、さらに大峯山奥駈《おくがけ》の難所である笙《しょう》の窟《いわや》に籠って百日間不動明王を祈ったという。

その話をご本人から聞き、その求道心に大変感激致し帰路についた。行者は死ぬまで修行である。行に終わりはないのである。

# 四、外見で判断しない——観音様の心

在家、出家を問わず、日本で一番知られているお経は『般若心経《はんにゃしんぎょう》』であろう。幾つもの翻訳があるが、一番有名なのは玄奘三蔵《げんじょうさんぞう》訳の『般若心経』である。玄奘三蔵は六〇二年に隋《ずい》の洛陽《らくよう》に近い緱《こう》氏で生まれ、十歳で出家して僧となり、六二九年に国禁を犯して密《ひそ》かに長安を出発、中央アジアの陸路でインドに渡り、唯識《ゆいしき》を学んだ。十数年の学問研鑽《けんさん》を経て六四五年に帰国、持ち帰った膨大《ぼうだい》な経典を翻訳したが、特に大般若経の翻訳で知られている。また、法相《ほっそう》宗の開祖となった人であり、求法の旅中に『般若心経』を得たありがたい逸話が残っている。

それはインドに渡る旅の途中、遥《はる》かに険しい山にて人の姿さえ見えなく、獣さえいない所を差しかかった時、鼻を突く異臭と共に一体の死体があった。しかし、何となく動く気配がしたので、よく見ると未だ生きていた。

玄奘三蔵が「何の病にて伏しているのか」と聞くと、息絶え絶えに「私は女で、体が皮膚病に侵され頭から足の裏まで爛《ただ》れ、その臭いは耐えがたいほどで、父母も私を見放して深き山に棄てた。死ぬにも死に切れずにこの場に横たわっていたのです」と答えられた。「治療はしなかったのか？」と聞くと、女人は「どんな薬でも治らず、唯一、ある医者が頭から足の裏まで膿汁《うみしる》を吸い取れば治るであろうと言われた」「しかし、あまりにも臭くて誰も近づくこともできない、まして膿汁を吸う人なんかいません。とうとう見捨てられてしまったのです」と答えた。

玄奘三蔵は悲しみのあまり、涙を流して女に言った。「我が身も病ではないが不浄なものである。然るに自ら浄《きよ》いと思って他の不浄を嫌うは甚だ愚かである。私があなたの身の膿汁を吸って病を治しましょう」。そう言うと、女の胸の辺りの膿汁を吸い取り始めた。その膚は泥のように臭く、腸《はらわた》が煮え返って気絶しそうになるのを堪え、頭から腰まで吸っては吐き捨て、吸っては吐き捨てと繰り返すと、その腐った部分の皮膚が元の皮膚に変わっていく。

それを見て、三蔵は限りなく喜びに溢《あふ》れていると、忽然《こつぜん》と栴檀《せんだん》、沈香《じんこう》の得《え》も言えぬ香りが立ち込め、眩《まばゆ》い光を見た。すると、病の女の姿は忽《たちま》ち観自在《かんじざい》菩薩の姿に変わった。菩薩は三蔵に向かって座り「汝《なんじ》は本当に清浄質直《しょうじょうしちじき》な聖人《しょうにん》である。汝の心を試さんがために病人の姿を取ったのだ。貴い汝のために、我が受持する所の経を伝授しよう。速やかに世に弘め、衆生を導きなさい」といい、掻《か》き消すように姿を消した。この経こそ「観自在菩薩、行深般若波羅蜜多時、照見五蘊皆空……」で始まる霊験あらたかな『般若心経』なのである。因《ちな》みに観自在菩薩は観世音《ぜおん》菩薩と同義で、一般的には観音《かんのん》と呼ばれている。

さて、観音様に関する伝説や逸話はたくさんあるが、一つ紹介しよう。

ある中国の僧が生身《しょうしん》の観世音菩薩に会いたいと長い間思いながら、全国を托鉢遊行《たくはつゆぎょう》していた。ある晩、夢に観音様が姿を現し「明日、汝の前に姿を現そう」と言った。次の日、いつものように托鉢をしていると、一人の女が川の辺で血の付いた下着を洗濯していた。僧は喉が渇いたので、女に「水を一杯くれないか」と頼むと、女は快く返事をしたが、何と器に川下の汚れた水を入れて僧に渡した。僧は「なぜ、わざわざ川下の汚れた水を入れるんだ」と少し怒りを含んだ心で、その器の汚れた水を捨てて自ら川上に行き、きれいな水を入れて飲んだ。結局、その日、僧は遂に生身の観音菩薩に会うことはなく、やはり夢だったのだと思った。

するとその晩、夢に再び観音菩薩が現れて僧に、「昼になぜ、お前は女からもらった水を捨てたのだ。あの女は私の変化《へんげ》した姿であったのだ。これは浄らか、これは不浄だという分別の心を以《も》っている間は生身の私に会うことはできない」と言って掻き消えてしまった。観音菩薩は手に蓮の花を持っている。蓮は汚れた泥の中から出るが、その花には泥の汚れが決して付かない。浄不浄の分別を超えた自性《じしょう》清浄《しょうじょう》な心、これが観音様の心である。そして、この心を持った時に、人は観音様と一体になれる。

## 五、行に生き、行に終わる——千日回峰行

比叡山の歴代の千日回峰行者の多くが敬愛する行者に、正井《まさい》観順《かんじゅん》阿闍梨《あじゃり》がいる。明治時代から大正時代にかけて千日回峰行を二度満行され、三千日に向かう途中の二千五百五十五日目、歩いている最中に亡くなられた行者である。たまたま、籠山《ろうざん》中にそのお孫さんの一人にお会いする機会があった。

正井観順師は万延元年（一八六〇）十二月、青森県南津軽《つがる》郡尾上《おがみ》村に生まれた。十七歳の時、結婚して雑貨商で生計を立てていた。

明治二十五年秋、北海道に出稼ぎに出ていた三百人を乗せた汽船が漁船と衝突し、二百六十数人の死者を出した。観順師は施主となり、水難者の追悼《ついとう》のために近くの天台宗浄土寺のお寺で大施餓鬼会《せがきえ》を行って供養された。その晩、多くの死者がうつつ幻に次々と夢枕に立ち、次々と現れては深く頭を下げて消えるというのを見て、仏法の

功徳広大なることを深く感じた。このことが機縁となって出家得度して行者になろうという志を立てたといわれる。

明治二十五年、三十五歳の時、出家の思い捨てがたく、遂に妻子を捨てて、京都大覚寺にて天台座主中山玄航《なかやまげんこう》大僧正立ち会いのもと、山岡観澄《やまおかかんちょう》師の弟子となり出家得度した。後に、妻子がひとめ夫に会いたく、親類と青森より比叡山まで遥々《はるばる》会いにきたが、求道心固く、最後まで会われなかったという。

三十七歳の時、回峰行一千日満行の誓願を立て、比叡山明王堂にて七日間、断食参籠して手灯明、肘《ひじ》焼香、膝護摩《ひざごま》を行い祈願した。即ち、自らの身を焼いて求道の赤心を仏に捧げ、残りの一生を仏道修行に邁進《まいしん》することを誓ったのであった。

その結果、三十八歳の時に念願が叶って回峰行が許可され、秋に無事百日満行された。しかしながら、その冬に他流の僧から受戒されたことがきっかけになって、比叡山の僧の怒りを買い、比叡山で最も難行とされる千日回峰行に入ることは許されず、遂に山を追い出された。そこで知人の僧の寺にて千日回峰行の入行許可成就のために九十三日の五穀断ち、残り七日間は断食行にて百日間で一千座の不動明王供養法、さらに加えて手灯明、肘焼香、膝護摩の焼身供養を行った。翌年も不動明王供養法一千座、最後の七日間は一食にて修法を行じた。そのあまりにも過酷な修行のために、しばしば脱魂状態に陥り、大小便を漏らすことも度々だったという。これにより不動明王のご加護をいただくことができ、遂に比叡山無動寺の住職から一千日回峰行の入行を許された。

四十一歳から二百日を歩き始め、四十四歳にて千日回峰行最大の難関である堂入りが真夏の七月十一日から十九日まで九日間行われた。即ち、断食、断水、不眠、不臥《ふが》にて毎日三座のお勤めと三百三十三遍の本尊礼拝、不動明王のご真言を九日間で十万遍誦《じゅ》すというものである。今日では、堂入りはあまりにも過酷なため、その年は二百日歩き、涼しい秋に行われているが、観順師の堂入りは脱水の厳しい真夏に行われた。

翌年には山上山下の約三十キロに赤山禅院《せきざんぜんいん》までの往復を加えた六十キロを歩く赤心苦行、翌々年には山上山下の約三十キロに京都一周が加わり、八十四キロを歩くといわれる京都大回りを行い、四十六歳にて回峰一千日の満行。

また、この間の別行として不動明王の礼拝百万遍、不動護摩供一千座、三千仏礼拝行、諸経の読誦《どくじゅ》等々の苦行を行い、遂に生身の不動明王を感得するに至ったという。さらに翌年より二千日を目指して歩き始め、五十一歳で満行。別行として三千仏礼拝行を三百万遍、胎蔵界《たいぞうかい》行法一千座、金剛界《こんごうかい》行法一千座を誓願され、大乗経典を百巻写経して父母・師僧・施主・十方法界の衆生のために宝篋《ほうきょう》印塔三基を琵琶湖《びわこ》湖畔《こはん》に建立した。

大正二年、五十二歳にして三千日を目指して歩き始め、九月十八日、二千五百五十五日目の回峰中、無動寺《むどうじ》坂の途中の見晴らしのよい所で亡くなられた。数日後、荼毘《だび》に付したところ、遺骨より数十の舎利が出たという。生存中、師の法力は特に優れ、病気平癒等数多くの法験や奇瑞を現じ、多くの信者が救われたという。

ところが、最期は無動寺《むどうじ》坂の途中の見晴らしのよい所で死期を悟り、小田原提灯《ちょうちん》を畳んで枕とし、顔は琵琶湖の方を向いて横になって亡くなられたといわれていたが、実際は違っていたという。最後まで歩き続けようと杖を突いた状態でそのまましゃがみ込んだ姿で亡くなったという。最初に遺体を発見した小僧さんが横に寝かせてあげたという。まさに一生をかけて行に生き、最後まで歩こうとして亡くなられた阿闍梨さんであった。

## 六、執着しない。手放す——発願の力

江戸時代末の比叡山十二年籠山比丘《びく》の話である。

比叡山の中でも浄土院《じょうどいん》は特に湿気が多い。そのため、歴代の浄土院侍真職《じしん》の蔵書は、戦後、山麓の叡山文庫に下された。私の籠山中、僅《わず》かしか残ってない蔵書の中で、栄《えい》泉《せん》院乗《じょう》如《にょ》師の書かれた手書きの『法華経』八巻があった。裏書には写経の趣旨が書かれていたので詳しく調べてみた。

栄泉院乗如師は享和元年（一八〇一）福井県丹生《にゅう》郡の生まれで、十四歳の時、放光《ほうこう》寺覚忍《かくにん》師の弟子となった。

伝教大師《でんぎょうだいし》一千年の御遠忌《おんき》にあたり、比叡山に登って山学山修したいとの志を懐《いだ》いて山麓に一年ほど住したが、遂に比叡山の住職とのご縁がなく、師僧が見つからなかった。そこで霊験あらたかといわれる雲母不動尊《きららふどうそん》堂に七日間参籠《さんろう》、断食して志を遂

げんことを不動明王に祈願した所、二ヶ月ほどしてようやく正観院《しょうかん》慈映《じえい》大僧正の弟子となることができた。

そして、二十六歳の時に正教坊《しょうきょう》圓如《えんにょ》大僧正の弟子となり、二十八歳で百日回峰行った。

その後、続けて六十余日間、五穀断ちして果菓のみを食し、不動明王立印護摩供《りゅういんごま》を百座修した。さらに加えて十四日間断食し、最後の一日一夜に八千枚の護摩供を修し、この年の終わりには栄泉院の住職拝命という誉《ほまれ》を得た。

三十歳の時、度重なる厳しい修行が実を結び、遂に生身《しょうしん》の不動明王を感得することができたという。その時の法悦と感激は極まりなく、御礼として不動明王立印《りゅういん》供を五百座修した。

その後、大乗菩薩戒を受持して十二年籠山をしたいとの強い願いを起こした。また、『大般若経』『法華経』『金光明経《こんこうみょうきょう》』『大無量寿経』『阿弥陀経』等の大乗経典を書写して六角の石塔を建てて供養したいとの発願を立てた。

誓願を胸に抱き、洞中懺法《せんぼう》会にて懺悔《さんげ》いたし、三十九歳の時には八斎戒・十重禁戒を受けて常行三昧を修した。いよいよ籠山の思い強く、遂に翌年には好相行《こうそうぎょう》を行じ、懺悔行道すること百五十余日に至り仏の好相を感得した。

好相満行後、篤應和尚《とくおうかしょう》を請じて浄土院にて沙弥《しゃみ》の十戒を受け、翌日に戒壇院にて篤應和尚及び諸大徳を請じて証明者と為し、自誓受戒を行った。これより伝教大師の教えの如く、一期十二年籠山を誓って止観業を修した。発願であった写経は、まず三十七歳の時に『大般若経』の書写を始め、七年後には六百巻を写し終わった。続いて『法華経』等の諸大乗経典の書写も全て成し遂げて、山麓の生源寺に写経塔を建立し供養した。

ところが、籠山満行も近い十二年目の年の秋、比叡山は猛烈な台風に襲われた。浄土院境内に災害が及ばないことを祈念して大般若理趣分《だいはんにゃりしゅぶん》を数遍読誦したが、夜半になっても止む気配はなく、猛風と暴雨はいよいよ激しさを増してきた。樹を倒し、石を飛ばし、世界が微塵《みじん》に砕かれるかと思うほどの勢いの中、祖廟《そびょう》が恙《つつが》なきよう全身全霊を傾けて祈り続けた。

風雨はようやく止み、祖徳の高きことと経力の大いなることに依り、御廟や礼堂、その他の堂宇は恙なきを得て安堵《あんど》した。

外に出てみると、八尺もある一大木が倒れていたが、幸いにして御廟に当たらず、周りは数百の木が倒壊し、雨水は川のように流れ、崖は至る所で崩れていた。一夜の出来事に驚愕《きょうがく》したせいであろうか、数日後、臍下《せいか》に石のように固いシコリが見つかった。ひと月ほど養生したが病は癒えず、遂に自らの寿命の残り少なきことを直感して、往生を願って日課の念仏を六万遍から八万遍に増して唱えた。

また、籠山満行までに立てた宿願が三つあった。

一つ目は一切経を石に刻むこと、二つ目は『法華経』三千部読誦、三つ目は『阿弥陀経』一千部血書することであった。

「一つ目の願は今となっては最も遂げがたく、最早五十過ぎで重病となっては叶わない。この願は今生では極楽に往生して、再び生まれ還って果たしたい。二つ目の願と三つ目の願は、今しばらく養生して重病が治まるのを待って行おう」と考えた。

すると、しばらくしてやや容体が安定したので、まず『法華経』を百余部読誦した。次に三千部の読誦をする前に、ぜひ伝教大師真蹟の『法華経』を臨書したいと思い、経本を作る発願を立てたところ、師僧の正観院圓如大僧正と法友の乗実院貫昌《じょうじついんかんしょう》大僧都がこの発願に随喜《ずいき》して経本の紙と表紙の錦を施与してくれた。施主である師友と極楽で再来することを期して、この大善を遂げることができた。臨写の最後には回向文として次の言葉を書き加えた。

「願わくばこの功徳を以て、即ち苦域を出ることを得て、我らと衆生と同じく安楽国に生ぜん。さらに願わくば一乗の法、流通して塞ぐることなく、九界七方便究竟して果徳を満ぜん」

かくして、四十八歳にて一紀十二年籠山を満行した。また十二年目に行った『法華経』の読誦と臨写の功徳により寿命を延ばすことができ、さらに籠山を続けること数年、念願であった『法華経』三千部読誦の大願、並びに『阿弥陀経』の一千部血書を果たした。

五十一歳の年に侍真職を辞し、山麓の紫雲庵阿弥陀坊に隠居した。五十七歳の年には第一の宿願であった「一切経石刻の発願」の石碑を正教坊の門前に建立した。この年さらに四分律兼学に及び、翌年、五十八歳にして遷化した。

十二年籠山比丘は「生前の名誉など一切執着持たない」という考えにより、この乗如師の墓には一乗《いちじょう》僧乗如と書かれているだけである。

一生、自ら誓願を立て、ひたすら修行に励んだ修行僧の一生は出世や名誉には無縁であった。そして行に生き切った彼の心には一片の悔いもなかったであろう。僧として、こんな悔いのない人生を送りたいものである。

## 七、全力で一瞬を生きる——この礼拝が「最後の礼拝」

どんな厳しい修行でも大体期限がある。千日回峰行は千日（実際には九百七十五日）で終わる。七百日終わった後の堂入り（日本で最も過酷な行といわれ、断食、断水、不眠、不臥《ふが》で行う）でも九日間である。しかし、比叡山の浄土院侍真職となる前行、好相行《こうそうぎょう》には満行の期限はない。

ところが、生身の体であるから、二十四時間寝ないで何ヶ月も続かない。大体七日目くらいが限界で、限界を超えると幻覚が見始め、二十四時間続く。トイレに行く時も、ご飯を食べている時も沐浴している時も幻覚が見えたままである。疲れが酷《ひど》くなると、しばしの間、眠りに落ちて夢を見る。起きて幻覚を見、寝て白昼夢を見て、現実と夢の境が分からなくなる。

私の場合、好相行に入る前に数回はっきりと覚えている霊夢を見た。ある教室でテストが行われている。よく見ると受験者は歴代の侍真職をされた方々である。答案ができた者から提出して次々と教室を出て行く。気が付くと私一人だけが問題が解けなく居残っている。試験官は私の師僧であり、哀れに思って私に答えを教えてくれ「それを書きなさい」と言うが、私にはその答えが理解できない。とうとう落第となった。

本番の好相行ではこんな幻覚を見た。行中に様々な悪業の業相が幻覚として現れた。行中に「朝から晩まで二十四時間、何十人という武士が刀で切りつけに来る」という幻覚が何ヶ月も続くこともしばしばであった。また、ご先祖様の加護のなさであろう。もし、先祖の中に徳があり、天の神々の世界に生まれ変わっているなら、子孫が好相行していることが分かっているのであるから、その姿を見ることもあるだろう、だが残念ながらなかった。数百人の甲冑《かっちゅう》を着た武将が私の背後から襲い、刀で背中を切りにくる。これが一日何十回と繰り返される。

ある時は、斧《おの》で首を切られて、ポトン、頭が落ちる。これが再現ビデオのように何十回と繰り返される。そうかと思うと、今度はインド人が出てきて、礼拝の五体投地の仕方が間違っていると言われる。そこで、先達の指導者に礼拝の仕方を改めて教えてもらおうと聞きに行くと、確かに間違っていた。五体投地の時、仏教では両手を同時に床に着いてはいけない。同時に着くのは外道の礼拝の仕方であるとのことだった。またある時は家畜に焼き印を押すように、焼けた鉄の棒を持って何度も何度も襲ってくる。あるいは、私の後ろに数百人の子供が集まっている。たくさんの親たちが出てきて我が子を騙《だま》し、拐《かどわ》かしたといって、何時間も私を批難するのである。

ある時は、芥川龍之介の小説『杜子春《とししゅん》』のように両親が捕らえられ、「修行を止めたら助けてあげる」と言われ、何度も両親が叩かれる姿が繰り返される。良い幻覚としては、自分の体が軽くて空高く舞い上がり、眼下に遥か上空からお堂を見下ろす景色が続き、ある時は、船で宇宙まで舞い上がり、船を下りると遥か天空まで螺旋《らせん》階段が続き、昇っていく。

またある時は、私が唱える仏様の声に合わせて、たくさんの人が喜びに溢《あふ》れた表情で、何時間も踊る。そうかと思うと、突然、目の前に大きな鏡が現れ、その鏡に映った自分の姿が仏の姿そのものに見える。あるいは、礼拝の度に仏様にお供えする樒《しきみ》の葉、一枚一枚に仏の顔が映っている。等々数え切れないほどの幻覚、幻聴、幻臭や業相が現れた。好相行を満行するまで他の僧の六倍かかりようやく満行となった。努力は他の六倍したのに何が問題だっただろう？……恐らく悪業の深さと徳のなさであろう。

そんな幻覚状況が数ヶ月続くと、今度は体力の限界が起き始め、両手両足の末端から感覚がなくなって行き、次に目、耳、舌が麻痺《まひ》してくると、生きているという感覚が薄くなり、死を意識し始め、明日生きているという確信が持てなくなる。すると、食事を十分摂っても、それ以外のお供養の品があると、「今日が人生最後の日かもしれない」という意識が働き、どうしても残らず全部食べてしまうのである。

行の最初の頃は無期限といえども、歴代の先輩方の行から三ヶ月が目安といわれている。ところが、六ヶ月を過ぎて肉体の限界がくると明日のことなど考えなくなる。今日一日、やり切ることに全力投球することしか意識がない。私の場合は二十四時間、一仏一仏を礼拝することである。そして、一仏一仏の礼拝に限界が来ると後は「死」のみである。精神的にも肉体的にも限界がきた時、「この一回の礼拝が最後の礼拝だ」と思って渾身《こんしん》の力を入れて行う。

礼拝一回、数十秒の話であり、これができなければ「死」である。ところが不思議なことに、この限界を越えた一瞬の礼拝が新しい世界を開くのである。限界という壁そのものが幻覚なのだ。こうして何度も何度も限界という壁を越えて世界が広くなる。そして「死」を限りなく意識した時の「生」が、より一層輝きのある「生」に感じる瞬間である。一瞬を生き切る人生は「生」の充実感もより強いであろうと私は思う。

しかし、修行の間はできても、残りの人生の毎日を「この一瞬が最後、この一日が最後の日」と思って生きるのは非常に難しいものである。私を含め、「後でやったらいいだろう」「明日、やったらいいだろう」と思ってしまう心の弱さが悲しみである。

# 八、心を観察してみる——修行の心得

戦後、「禅」が世界的に広まり有名になったが、天台宗では禅を「止観《しかん》」という。六世紀に中国の釈迦といわれた天台智者大師智顗《ちぎ》禅師は若き日に大蘇山《だいそざん》で修行し、開悟された。その悟りから、全ての修行を「禅」の一字に統摂し、『禅波羅蜜次第法門《ぜんぱらみつしだいほうもん》』を説いた。その後、天台山にて再び厳しい修行により法華円教の奥義を究められ、円熟された「止観」という言葉で全ての仏教をまとめられた。その悟りの実践法が『摩《ま》訶《か》止観《しかん》』といわれるものである。

その「止観」の中でも最も優れた教えが法華経によるところの「円頓止観《えんどんしかん》」である。天台宗ではこの『摩訶止観』に書かれている「円頓止観」を究極の教えとして常にお唱えしている。

円頓章といわれるお経であるが、下し文にすると、

「円頓とは、初めより実相を縁ず、境に造るにすなわち中にして、真実ならざることなし。縁を法界に繋《か》け、念をお法界に一《ひとし》うす、一色一香も中道にあらざることなし。己界および仏界、衆生界もまたしかり。陰入《おんにゅう》みな如なれば苦の捨つべきなく、無明塵労即ちこれ菩提なれば集の断ずべきなく、辺邪みな中正なれば道の修すべきなく、生死即ち涅槃《ねはん》なれば滅の証すべきなし。苦なく集なきが故に世間なく、道なく滅なきが故に出世間なし。純ら一実相にして実相のほかにさらに別の法なし。法性寂然たるを止と名づけ、寂にして常に照らすを観と名づく。初後をいうといえども二なく別なし。これを円頓止観と名づく」

さて、『摩訶止観』は天台智者大師智顗禅師が自らの修行体験に基づいて説かれた大師の己心中の法門であるが、現代のお坊さんにはあまりにも難しく実践どころか理解さえ困難である。ご存知のように、仏教は今から約二千五百年前にお釈迦様が悟りを開かれ、弘めたのであるが、当初は一般の人にも理解できる教えであった。ところが、インドから中国、朝鮮半島を通り、日本に入って来る頃には膨大《ぼうだい》なお経と難解な教えに変化していった。

天台宗では開祖の最澄上人以来、この難解な教えを伝えてきたが、鎌倉時代に入り民衆とかけ離れていた仏教の教えは転機を迎え、一般にも理解し、実践できる教えと変わっていった。即ち鎌倉新仏教である。その教えは「南無阿弥陀仏」であったり、「南無妙法蓮華経」であったり「禅」であったりした。今日、世界的に知られるようになった「禅」は天台智者大師智顗禅師の説かれた「難しい禅波羅蜜」ではなく、一般の人が実践できる「禅」である。

さて、私の師僧は十二年籠山行中に自分の生涯をかけて行う実践法は坐禅であると直感し、その勉強と実践に明け暮れた。十二年の修行が終わってもその姿勢は変わらず、毎日欠かさず坐禅に励んだ。列車で出かける時も、船で出かける時も、旅館やホテルでも何処《どこ》でも必ず坐禅をした。その師僧と毎日坐禅をするが、初心者である私に坐禅の良さがすぐ理解できる訳もないし、効果がすぐ現れる訳でもない。そんなある日、坐禅が終わった後に「毎日毎日、命がけで坐禅をし、十年続けて初めて人間として半歩一歩成長できるんだ。全身全霊でなければ、たとえ十年続けても何の成長もない」とおっしゃった。それでも理解できない私は「それなら、他にもっと早く成長できる方法があるだろう」と思った。

その後、師僧と同じく十二年籠山行に入り修行した。その間には、伝統的な常坐三昧《じょうざざんまい》を二度行った。

まず、行に入ると初めに襲ってくるのが一人きりでいることの苦痛である。普段の生活と違い、いったんお堂に入ると二十四時間人と話をすることがなく、その状況が九十日間続く。この孤独と音のない静かさに心が慣れるのに数週間かかる。同時にやってくるのが膝の痛みとの戦いである。大体二時間くらいで集中力が切れ、膝の痛みを感じると足を組み替えるのであるが、集中できないとすぐに足の痛みが襲ってくる。これも数週間ほどで慣れてくる。ようやく落ち着いて坐れるようになってくると、今度は眠りとの戦いである。これは慣れることはなく、いかに食事を調節して意識を明瞭澄清にするかである。

そして行うことは意の止観である。止は『天台小止観』に説くところの体真の止を用いた。「心の所念に随って一切の法あり。ことごとく因縁より生じて自性あることなし。心が無性なりと知らば、あに諸法の実あらん。もし諸法が実ならざれば即ち虚《こ》誑なり。もし虚誕なるを知らば即ち空にして主あることなし。もし空にして主あることなければ取るべからず」。

もしこれで上手く行かなければ、心にわき出てくるものに対して観をなす。「かくの如き心は、これ有なりや、これ無なりや。もしこれ無ならば、無とは即ち心なきなり。如何が心有らんや。もし心これ有なりといわば、これ過去、未来、現在に在りとせんや。もし過去に在りとせば、過去すでに滅す。何ぞ心有ることを得ん。もし未来に在りとせば、未来はいまだ至らず。何ぞ心有ることを得ん。もしこれ現在ならば、現在は住せず。即ち不可得なり。もし不可得ならば即ち心有ることなし」。私はこの文を暗記して一日中、心を観察し続けた。

毎日毎日行うことで、私の頭は坐禅に入るとすぐに脳が疲労して思考能力が停止し始め、心が真っ白になっていくようになった。毎日の睡眠不足に加え、思考能力の停止という繰り返しの訓練により、ある日の昼過ぎ、遂にこれまで味わったことのない完全な思考の停止と共に心が完璧なまでに真っ白になった。時間が止まり、自分自身が存在しなくなったと感じた。当に次の瞬間、もの凄《すご》い恐怖と共に一瞬心が凍りついた。その途端この状態は脆《もろ》く壊れ、次の日もまた次の日も何度も何度も坐禅に励んだが、遂にこの無の状態に届くことはなかった。

さらに常行三昧《じょうぎょうざんまい》も二度行い、半行半坐では法華三昧《ほっけざんまい》を五回行った。籠山は二十年に及んだ。そしてようやく、師僧の「十年続けて初めて人間として半歩一歩成長できるんだ」の言葉の正しさが分かったのである。世界中にはいろいろな職業があるが、恐らくどの職業、どの世界の道でも通じる教えではないだろうか。

# 九、念じてみる——止観の心得

比叡山西塔《さいとう》（比叡山は東塔《とうとう》、西塔、横川《よかわ》の三域に大きく分けられる）に「にない堂」というお堂があり、一つは常行堂といい、もう一つは法華堂という。二つのお堂は渡り廊下で繋《つな》がっており、この廊下を天秤棒の代わりにして怪力武蔵坊弁慶《むさしぼうべんけい》が荷《にな》ったことから弁慶の荷い堂という。

その常行堂は常行三昧を修するお堂で、今でも毎年夏に、若い僧がお堂に籠ってこの行をやっている。常行三昧は『般舟三昧経《はんじゅざんまいきょう》』というお経に基づき実践する行であり、九十日を期間として、本尊阿弥陀様の周りを、口には常に阿弥陀仏の名を唱え、心には常に阿弥陀仏を念じ、意には止観を行ず。

身は一日たりとも休息することなく歩んでいく。常に歩歩、声声、念念、ただ阿弥陀仏である。

口に阿弥陀仏の名を唱えるとは「南無阿弥陀仏」とお唱えし、心に阿弥陀仏を念ずるとは仏の三十二相を念ずるのである。

足下の足安平相から、千輻輪相《せんぷくりんそう》、手指繊長相《しゅしせんちょうそう》、手足柔軟相《しゅそくにゅうなんそう》、手足縵網相《しゅそくまんもうそう》、足跟満《そくふまん》足相《ぞくそう》、足趺高好相《そくふこうこうそう》、腨如鹿王相《せんにょかおうそう》、手過膝相《しゅかしっそう》、馬陰蔵相《めおんぞうそう》、身縦廣相《しんじゅうこうそう》、毛孔生青色相《もうくしょうしょうしきそう》、身毛上靡相《しんもうじょうびそう》、身金色相《しんこんじきそう》、常光一丈相《じょうこういちじょうそう》、皮膚細滑相《ひふさいかつそう》、処平満相《しょへいまんそう》、両腋満相《りょうやくまんそう》、身如獅子《しんにょしし》相《そう》、身端直相《しんたんじきそう》、肩円満相《けんえんまんそう》、四十歯相《しじゅうしそう》、歯白齊密相《しびゃくさいひつそう》、四牙白浄相《しげびゃくじょうそう》、頬車如獅子相《きょうしゃにょししそう》、咽中津液得上味相《いんちゅうしんえきとくじょうみそう》、廣長舌相《こうじょうぜつそう》、梵音深遠相《ぼんのんしんのんそう》、眼色如紺青相《がんしきにょこんじょうそう》、眼睫如牛王相《げんしょうにょごおうそう》、眉《み》間白毫相《けんびゃくごうそう》、無見頂相《むけんちょうそう》に至るまでを常に観想する。

意に止観とは天台宗の実践書『摩訶止観』には「自ら念ず。仏はいずれの所よりか来る、我もまた至る所なしと。わが念ずる所即ち見、心が仏となり、心みずから心を見、仏の心を見る。この仏の心は、これわが心が仏を見るなり。心はみずから心を知らず、心はみずから心を見ず。心に想あるを痴となす、心に想なきはこれ泥洹なり」と書かれている。

私も二度挑戦したが、実際にやってみると、最初の一月くらいは心が纏《まと》まらず、散乱して観想が難しい。二月くらい経つと、今度は声も嗄《か》れ、何日も何日も立ち続けているために血が下がり、膝の上あたりの毛細血管が切れ、常に紫色となっていた。私の時は血が下がるのを防ぐため、脚に脚絆《きゃはん》を着けた。三月目に入るとようやく落ち着いて行らしくなってくる。

この行は明治時代に浅草寺《せんそうじ》の清水谷《しみずだに》師が行ったと聞く。その時、清水谷師は足に荒縄を巻いて行ったが、血流が悪くなって終《つい》に壊死《えし》して足を切り落とさなければならなかったという。最期に遺言で「この行はあまりにも過酷であるから後世の僧は止めてほしい」といったことから、しばらくこの修行は行われていなかった。しかし、戦後の昭和四十九年頃、後に千日回峰行をされた酒井雄哉《ゆうさい》阿闍梨と後に十二年籠山行された高川慈照師によって常行三昧は復興された。

また、この行は体力的にも精神的にも厳しいためか、よく幻覚を見るという。光や花を見たり、あるいは髑髏《どくろ》や死人を見たり、歩く道が長く続く一直線の道に見えたりする。近年、成功した例としては、酒井阿闍梨が法華堂で常行三昧を行っていた時、当時居士林研修道場の指導員であった赤松光真《こうしん》師が、朝の五時頃に釈迦堂の扉を開けに来た。その時、釈迦堂より五十メートルほど前にある法華堂の後ろの扉から眩《まばゆ》い光が漏れ、赤松師はいつもと違う不思議な光景だと思ったという。後で聞くと、酒井阿闍梨が阿弥陀様を感得した瞬間だったとのことである。

常行三昧は成就すると晴夜、満天に無数の星が輝くように、十方の仏様が大光明を放って立っておられるのを見ることができるといわれる。故にこの行を仏立三昧ともいう。残念ながら、私は見ることはできなかったが……。

# 十、全身に力がみなぎる——天の妙薬

天台宗の根本経典の一つに『妙法蓮華経《みょうほうれんげきょう》』がある。伝教大師最澄上人は全国の六ヶ所に、法華経千部を安置した塔を建てて鎮護国家《ちんごこっか》の道場にしようと考えた。六所の宝塔とは、東の国の安泰のために上野《こうずけ》の国に宝塔院が建立され、南の国の安泰のために豊前《ぶぜん》の国に、西の国の安泰のために筑前《ちくぜん》の国に、北の国の安泰のために下野《しもつけ》の国に、京の都の安泰のために山城《やましろ》の国に、すべての国の安泰のために近江《おうみ》の国に宝塔院を建立し、それぞれ法華経千部を安置したのである。

現在の延暦寺では、夏に比叡山如法写経会といって僧侶と一般の在家の方が『法華経』を写経し、近江の宝塔院即ち現在の延暦寺法華総持院東塔に納められる行事がある。今日、写経は奈良の薬師寺をはじめ、特に珍しくないが、出家の僧侶と在家がお坊さんと一緒に写経する行事は延暦寺が先駆けであると聞く。

その如法写経の始まりは、平安時代に慈覚《じかく》大師円仁《えんにん》が始められたことに由来する。大師四十歳の時、昼は寺の仕事に追われ、晩は明け方まで学問にはげまれた辛労が重なり、目を患って失明されるかもしれない、命にもかかわることであるとお思いになり、東塔は最澄様が開かれた所であるから死で汚してはいけないと考えて、比叡山の一番北の未開であった横川の地域に隠棲した。草庵を結び、石を穿《うが》ちて硯《すずり》と為し、湧き水と灯明の煤《すす》で墨液と為し、草を束ねて筆と為し、法華経六万九千三百八十四字を一字書くごとに焼香し、華を献じ、五体投地の礼拝を三遍行い、懺悔をしながらお経を写された。当にお経に書かれてある通りの作法で写経されたので如法《にょほう》写経という。この時を以って我が国において如法写経の創始とされる。

慈覚大師が如法写経による法華三昧を行じていた折、天神が降り「これは天の妙薬である。召し上がりなさい」と瓜《うり》に似た果物を手渡された。半分に割って口に入れると蜜よりも甘く、何とも言えない香ばしさがあり、食すると全身に力がみなぎるようであった。それから次第に視力が戻り、体力も快復されたのであった。大師の草庵は後に首楞厳院《しゅりょうごんいん》の堂舎となり、大師の写された如法経は後に根本如法塔に納められた。

また、宮中では貴族や女官が横川の如法水を取り寄せ、法華経の如法写経が盛んに行われるようになった。現在の延暦寺の如法写経会でも横川の如法水が用いられる。時々、法華経の写経功徳により癌《がん》等の病気が治ったとの話を聞く。

さて、私も籠山中に、法華経の写経を行った。最初に私の弟弟子が和歌山の熊野に禅定林寺を建立したので、お祝いに『法華経』八巻と開経の『無量義経』、そして結経の『観普賢菩薩行法経』の二巻を加え、法華十軸を自ら写経し、軸立てと共に奉納した。その後、兄弟子がインドに本堂を建立するというので法華経の奉納をお願いされた。早速、自ら写経して法華十軸を完成させた。インド禅定林本堂落慶の日にはインド中から百万人が集まり、延暦寺執行によって厳《おごそ》かに奉納式が行われた。

また、平成三年に無動寺百日回峰行を無事満行致したので、無動寺明王堂の不動明王様と建立大師相応和尚様に対して、御礼として法華経十巻を写経して軸立てと共に奉納。次に僧侶になって十二年籠山行を行じた御礼に、浄土院阿弥陀様御宝前の法華塔に、法華八軸を写経して奉納。さらに母校である叡山学院から法華経奉納の依頼があり、写経して法華十軸と併せて軸立てを奉納。そして最後に比叡山の守護神である山王権現《さんのうごんげん》様を祀る日吉大社に令和六年十二月、法華十軸を奉納させていただいた。その中、インドに法華経を奉納した御礼にとインドの兄弟子からは、お釈迦様の仏舎利を頂戴した恩恵を賜った。これも法華経写経の功徳と信じている。

# 十一、「南無慧思」と称える——法華経の精神

最澄上人は入唐して法華円教、密教、禅、戒律を相承して帰国した。後に比叡山では念仏が加わり、次第に仏教の総合大学のようなものとなっていった。

当初、最澄上人は止観業《ごう》と遮那業《しゃなごう》、即ち法華円教と密教での二本柱で行こうと考えた。しかし、最澄上人が唐で相承された密教は不完全なものであったので帰朝後、空海上人に教えを乞うたが、最後はそれぞれの立場から袂《たもと》を分かちた。

それからの最澄上人は密教の確立は弟子たちに任せ、自分は法華経の弘通《ぐつう》一本に決めて聖徳太子の御廟に詣で、法華《ほっけ》一乗の流布《るふ》を誓った。今日でも、天台座主は伝燈相承式が終わると、まず聖徳太子の御廟のある叡福寺《えいふくじ》に参拝される。なぜ、聖徳太子の御廟かというと、聖徳太子は和国の教主として『法華義疏《ぎしょ》』を著し、日本で初めて全国に法華経を弘めた方である。また、当時、天台大師智顗《ちぎ》の師僧である南嶽慧思《なんがくえし》禅師

の生まれ変わりが聖徳太子であると信じられ、最澄上人は日本天台宗の鼻祖《びそ》に誓いを立てたのであろう。後に鑑真和上《がんじんわじょう》も南嶽慧思禅師が二百年後に倭国の王子に生まれ変わって仏教を弘めるとの話から、聖徳太子がまさにその人であると信じ、五回の渡航に失敗して盲目になってまで大乗仏教、特に戒律を伝えた。

その南嶽慧思禅師は西暦五一五年、中国六朝時代の北魏に生まれ、十四歳で出家して『法華経』等の大乗経典の読誦に励んだ。ある時、『妙勝定経《みょうしょうじょうきょう》』を読んで禅の功徳に感激して禅を修し、慧文《えもん》禅師の許《もと》で法華三昧を頓悟したという。その後、禅を弘めること南北に及び、当時の中国全土で慧思禅師の影響を受けない者はなかったという。『大品般若経《だいほんばんにゃきょう》』『法華経』等の大乗仏教を講義して各地を回ったが、その名声が世に響くと悪僧たちの嫉妬と迫害に遭い、数度毒殺されそうになった。慧思禅師は毒により五臓六腑が爛《ただ》れるも、般若の空を念ずると快復したという。

その後、新しい立教のために南嶽衡山《こうざん》に向うも、途中で何度も悪僧の妨害に遭った。そこで慧思禅師は金字の『大品般若経』『法華経』を書写して七宝製の宝函に入れ『立誓願文《りゅうせいがんもん》』を作り石窟に奉納した。その『立誓願文』の二十五の誓いの中には、「もし地獄に落ちるべき五逆罪を犯した衆生が臨終に「南無慧思」と名を十回称《とな》えて念じたら、その姿を見ることが出き、私の国土に生まれて不退転の悟りを得られなければ妙覚をとらない」と書かれている。また、今から五十六億万年後に弥勒菩薩が地上に降りられ、弥勒仏となって説法した時、慧思禅師の身と書写した金字の『大品般若経』『法華経』が出現し、弥勒菩薩が過去世に慧思という比丘がいて多くの人々を救おうとして誓願を立てた因縁談を説かれるだろうとも書かれてある。

その後、慧思禅師は南嶽衡山に向う途中、道が塞がれていたので光州にて教えを弘めた。その時、後の天台大師智顗は慧思禅師が光州に来られたのを聞いてすぐに来訪した。そこで、慧思禅師は大蘇山《だいそざん》の道場にて智顗を教え導き、法華三昧の悟りを得させた。その後、約十年の教化を経た後に、弟子四十余人と共に南嶽衡山に入って教え導き、西暦五七七年に入滅された。

一生、火の如く激しく修行に燃え、特に『般若経』と『法華経』の実践と教えを弘めた南嶽慧思禅師の弘通精神は、聖徳太子に受け継がれ、さらに最澄上人、さらに鎌倉時代の日蓮上人等に伝わり、今日の多くの新興宗教まで影響を与えた。

## 十二、「虚しさ」を知る——静寂な心の心得

僧侶になる前の十九歳頃、哲学に非常に興味があり、ドイツ哲学者ショーペンハウアーの本を何度も読んだ。彼の全集の中に、作者不明であるが何百年にもわたり語り伝えられている詩がある。私も一遍読んだだけで気に入り、すぐに覚えた。

「やがて老齢と経験が手を取り合って彼に悟らせる。かくも苦しく長い精進の果てに、一生自分が間違っていたことを」

私は「一生自分が間違っていた」と聞いて、落胆する気持ちはあったが、それ以上に衰えた晩年の心境に妙な静寂さと落ち着きを感じて納得した。

無常というと日本の『平家物語』の冒頭が有名である。即ち「祇園精舎《ぎおんしょうじゃ》の鐘の音《こえ》、諸行無常の響きあり、娑羅双樹《さらそうじゅ》の花の色、盛者必衰《じょうしゃひっすい》の理《ことわり》をあらわす」。平家の栄耀《えいよう》栄華も春の夢の如く、幻のようなもので遂には滅びてしまうという諸行無常を説く。

その後、私は出家して無常、無我、寂滅等を学び、仏教の無常とあの詩の心境が重なり合うことを理解した。

しかし、私も還暦を過ぎて命終《みょうじゅう》が近づくと、若い時に読んだ時とは少し違う考えになった。多くの人が若い時、理想に燃えて華々しい世界や地位、名誉、お金等を求め邁進《まいしん》するが、次第に自身の能力、体力の衰えと共に諦めるようになる。そして老齢になった時に落胆が訪れる。しかし、一部の人たちは落胆とは違う境地を迎える。それは若い時からの自己反省と懺悔に依り、得られなかったことの落胆ではなく、それらのものを求めることの虚しさを知り、心の静けさの境地が訪れる。この日々の自己反省こそがこの境地に導く最大の力ではないだろうか？

第三章

# 今日から、悩まない、迷わない

——十二の心得

# 一、神様の仕事は神様に任せる——心の時代の生き方

もう数十年前から民主主義社会の限界といわれ、次に変わる社会を画策《かくさく》する動きがある。そのためには、欧米の考えの中に東洋の考えを取り入れなければならないと考えられた。

ある西欧の若者が、東洋の考えを理解するために、インドの聖者を探す旅に出た。インド中を探し回り、何人もの賢者や聖者に会うことができたが、その考え方がピンとこない。その中で一番魅《ひ》かれた聖者マハリシに再び会い、「神とは何ですか？」などいろいろなことを尋ねたが、やはりその答えは理解できない。

最後に「アフリカを初《はじ》め、いま世界中で苦しんでいる人がたくさんいるが、その人たちをどのように思っているのか？」と尋ねると、聖者は「世界の人たちを救うのは神の仕事である。神に任せたらよろしい」と答えられた。「では、我々は何をしたら

よろしいんですか？」と尋ねると「まず、自分自身が何者であるか知りなさい」と答えられた。若者が「私は何々という名前で、性格はこれこれです。子供の頃は……」と自分について知っていることを話した。

聖者は「それが君の本質か？」と尋ねる。返答に窮していると、聖者は「自分を指し示してみよ」と尋ねる。若者は自分の胸の真ん中を指さしてみせると、聖者が「なぜ君は、自分を指せと言われて胸を指さすのか？　君らの西欧の社会では脳の科学的解明が進み、いまでは全ての指令を出している脳こそ、その人自身と思っているのではないか？　それなのになぜ胸の真ん中を指す？　頭を指して私と言うべきではないのか？」

さらに聖者は続ける。「胸の真ん中には何があるんだ？　心臓か？　違うだろう、目には見えないけれどそこにハートがあるんだろ」それを聞いた若者は衝撃を受けた。それからその若者は聖者の弟子となり「心」の勉強を学んだという。

心の時代といわれ数十年経つが、なかなか世界は変わらない、未だに目に見える物質に囚《とら》われているのが現実である。

## 二、親孝行をする――積徳のすすめ

比叡山居士林《こじりん》という在家の研修道場がある。

その居士林研修道場に七年間ほど所長を勤めていた時のことである。一般の企業の新入社員の研修が主であり、一泊二日あるいは二泊三日で坐禅止観《しかん》、写経、お寺での食事作法、本堂参拝、法話等がある。正座を含め、慣れない新入社員にとっては厳しい修行体験である。研修の最後はお坊さんの法話があり、だいたい所長の私が行っていたが、内容は新入社員、学生等団体によって多少内容に変化があるが、法話の最後は決まって同じ話をしている。それはこんな話である。

仏教は輪廻転生《りんねてんしょう》を説く、因果応報、悪業悪果、善業善果であるので人間に生まれてくることもあれば動物に生まれてくることも当然ある。お釈迦様の過去世の物語であるジャータカにも人間の時、動物の時の話がたくさん出てくる。

そのお釈迦様は「どんな者に生まれ変わっても当然、自分を生んでくれた両親がいる。その両親に親孝行をすることで徳を積み、多くの人を導き、遂に今生《こんじょう》で悟りを開いた。だから、国が違っても、民族が違っても、また仏教を信じようが信じまいが、親孝行する人の傍《そば》には常に私がいて、その人を加護しましょう」と言っている。

その親孝行についてこんな話を聞いた。

ある会社の社長さんが「自分の会社の社員に立派になってもらいたい。そのために自分は何をしたら良いだろう？　何ができるだろう？」と考えた。その会社は製造会社ではなく、お客様対応を主とする会社であった。そこで「社員一人ひとりがお客様から感謝される人間であってほしい」と思った。しかし、よくよく考えてみると「お客様から感謝される前に、社員一人ひとりがまずは両親に感謝できる人であってほしい」と思った。

その時、ふとある考えが閃《ひらめ》いた。それは、入社試験の時にたくさんの学生が会社に集まってくる。その入社試験の最後に、社長さん自らが学生の前に立って二つの質問をするというのである。一つは「皆さん方の中で、子供の頃から一度でもいいからお母さんの肩叩き、肩もみをしたことはありますか？」と聞いたところ、来ていた学生全員の手が挙がった。「では、皆さん方の中で、お母さんの足を洗ったことはありますか？」と聞いたところ、誰一人手が挙がらなかった。

そこで社長さんは「今から三日間の猶予を与えます。お母さんの足を洗って、その報告を私にしに来てください。それで入社試験は全て終わりです」そして「来た人は合格にしましょう」と冗談半分で言ったところ、聞いていた学生たちは「そんなことで会社に入れるのなら簡単なことだ」と言いながら、それぞれ家に帰った。

ところが、いざ家に帰ってお母さんを目の前にすると「足を洗わしてください」とは言いにくい。ある男子学生は、言おう言おうと思っていたが言い出せず、お母さんの後を付けていたら、お母さんから「おまえ、どうしたんだい？　ストーカーみたいで気持ち悪いよ」と言われた。ようやく息子は意を決して「お母さん、足を洗わしてもらえないだろうか」と頼んだ。ところが、日頃親孝行をしていなかった息子がそんなことを言うものだから、お母さんは「何だい、今頃親孝行がしたくなったのかい？」と冷やかして「うん」と言わなかった。しかし、息子が何度も何度もお願いするものだから最後は渋々承知した。縁側で、盥《たらい》にお湯を入れ、いざ洗おうと息子がお母さんの足を触ったところ、お母さんの足の裏が非常に荒れていることに気づいた。

その瞬間、息子は子供の頃の光景が走馬灯のように思い浮かんだ。「うちは小さい頃にお父さんを亡くして、お母さんが女手一つで兄貴と私を一所懸命育ててくれた、その結果がこの荒れている足の裏になったんだなあ」と思うと、思わずお母さんに「長生きしてほしい」と言った。

息子が足を洗いたい、親孝行がしたいというのでお母さんは最初、冷やかしていたのだが、息子がそんな一言を漏らしたものだから、「ああ、今までなりふり構わず、子供たちを一所懸命育ててきて本当によかった。立派な大人になってくれた」と思わず胸が詰まり、目から涙がこぼれ落ちた。その涙が頰《ほお》を伝わって、ポタリポタリと足を洗っている息子の手に落ちた。

息子もそのことに気が付き、息子の方も胸が詰まってきて涙が出そうになるのを一所懸命堪え、一言、「お母さん、ありがとう」と言ったが、涙を見られるのが恥ずかしいので、すぐに二階へ駆け上がった。

次の日、その彼は社長さんに報告をしに行った。

「私は今まで、学校で多くの先生からたくさんの教育を受けてきた。でも、ただの一度もこんな素晴らしい教育は受けてこなかった」。

するど、社長さんは「その通りである。君は決して一人で大人になったのではない。両親をはじめ、多くの人たちのお蔭で、今日ようやく大人になれたのだ。そして私といえば、数十年前にこの会社に新入社員として入り、それから多くのお客様からお叱りを受け、先輩からもたくさん注意を受けて、ようやく一人前の社会人にしてもらった。君も私と同じように、この会社に新入社員として入り、それから多くのお客様からお叱りを受け、先輩からもたくさん注意を受けて、ようやく一人前の社会人になっていくであろう。その時、決して自分一人の力で一人前になったのではなく、多くの人のお蔭であると思って、多くの人に感謝できる人間になってほしい」と伝えた。

仏教には多くの教えがあるが、仏教離れした現代の若者に最も分かりやすく、基本となる教えといえば「親孝行」であると思う。この話を研修中の若い新入社員、学生に、あるいは講演で企業の社員や年配の方々にいつも話し、締めくくっている。

## 三、つねに感謝する——人と繋がる生き方

京都に「おめん」というおいしいうどん屋がある。麺や出汁《だし》も厳選された自家製だが、何といっても薬味が凄い。いろいろな薬味で何種類もの料理を食べているような贅沢な気分を味わえる。銀閣寺本店以外にも支店があり、ニューヨーク支店の店長を務めていたのが故品川幹雄《しながわみきお》氏である。

外国人を比叡山に案内などされ私も籠山《ろうざん》中に何度かお会いしたことがある。紳士で穏やかな口調で話される人柄から溢《あふ》れ出る心の温かさがあり、信仰深く、哲学や宗教にも造詣《ぞうけい》が深く、ニューヨーク店の経営以外にもアメリカに禅や日本の文化の普及で活躍された。

その品川氏から、籠山が終わってすぐの頃に、「皆さんに修行の話をして元気づけてほしい」と講演を頼まれた。その年（平成二十三年）は三月十一日に東日本大震災

があり、日本中が復興のために奮闘していた時期であった。当時、品川氏は世界連邦運動協会京都支部の支部長をされていましたので、世界連邦運動協会京都支部総会にて「心の復興」というテーマで話をした。

世界連邦運動は第二次世界大戦直後、特に原爆投下による人類が払った犠牲を教訓として「二度と戦争を起こしてはいけない。世界が一つになって平和の仕組みを創ろう」との声から始まった。一九四六年に世界各国から同じ志を持つ人々がスイスに集まり、世界連邦運動が結成され、モントルー宣言を定め、世界各地で活動が開始した。

その理念はアインシュタイン博士の「私が世界連邦を擁護《ようご》するのは、今までの人間が遭遇した最も恐るべき危険を除去する方法が他にありえないからである。全体的破滅を避けようという目標は他のいかなる目標にも優位しなければならない」という平和原則を尊重し、地球規模の問題について世界市民としての立場から取り組む。この理念の下に、国際連合を改革、強化して各国の軍備の完全撤廃、世界環境保全と世界的諸問題に対処するというものである。

当時、品川氏のお母様は九十歳代のご高齢であったが、世界連邦運動協会京都支部の理事をされていた。お姉様の話によると、品川氏はそのお母様に元気な姿を見せに年何回も飛行機でニューヨークから十八時間かけて京都に帰ってくるという。年一度でも大変なのに、親孝行のために十八時間かけて何度も帰国することは決して簡単なことではない。その人間性が親孝行にも表れているのであろう。まさに一隅《いちぐう》を照らす人であった。

ところで、かつて聞いた話であるが、大変印象に残った親子の物語がある。それは寒い北欧の国の実話だという。

あるクリスマス・イブの雪降る中、一人の出産間近の女性がどうしても宣教師にお願いしたいことがあって家を訪ねるために急いでいた。宣教師の家は谷間にあり、彼女があと少しでその家に辿《たど》り着くという所まで来た時、そこに橋が架かっていた。この橋を渡れば家はもうすぐ目の前である。そう思っていた矢先、雪に足を取られ滑って転んでしまった。

その瞬間、激しい陣痛に襲われ、立ち上がることもできずにいた。前に進むことも無理だと悟った女性は渾身《こんしん》の力を振り絞り、這《は》って橋の下まで行き、そして凍える中で一人の男の子を産み落とした。雪で橋の上は通る人もなく、助けを呼ぼうにも振り絞る声さえ出なかった。雪の中で横たわっている彼女は、産着どころか自分の着ている服以外は何一つ持っていなかった。そこで着ている服を次々に脱いでは、その服で生まれたばかりの赤ちゃんをくるんでいった。赤ちゃんは彼女の服で繭《まゆ》のように包まれ、母親の胸に抱かれていた。

次の日の朝、宣教師はクリスマスプレゼントを配るために車で家を出て、橋の所まで来たが雪で車が故障してしまった。仕方なく車を降りた宣教師の耳には微《かす》かに赤ちゃんの泣く声が聞こえた。声のする方に近寄って見ると、橋の下でまるで繭のようにくるまれた赤ちゃんと、その繭を抱きかかえた裸の冷たくなった女性を見つけた。その後、赤ちゃんを引き取ってくれる村人を探したが見つからず、宣教師が引き取って育てることにした。男の子はすくすくと成長すると、やがて自分の本当の母親のことや自分が発見された当時のことをしきりに尋ねるようになった。

十二歳の誕生日を迎えたクリスマスの日、少年は一度も行ったことのない母親のお墓参りがどうしてもしたいとせがんだ。そこで宣教師は少年を連れて村のはずれにある墓地に連れて行った。墓は雪に埋もれていたが、少年は「一人でお祈りをしたいから、しばらく一人にさせてほしい」と頼んだ。宣教師は少年を置いて、少し遠くから少年を見守っていた。

やがて少年はしばらく墓前に佇《たたず》んでいたが、次第に背中が激しく震えるほど泣き始めた。そして丁寧にお墓の雪を手で払うと、何を思ったのか、今度は自分の着ていた服を脱ぎ始め、その服で母親の墓を包んでいった。宣教師は驚き、まさかこの極寒の中で全部は脱がないだろうと思って見ていたが、少年は身に着けていた服を全て脱ぎ、墓に巻き付けると、寒さに震えながら墓の前にうずくまった。

宣教師は少年が風邪をひいてはいけないと思い、駆け寄ろうとすると、真っ裸の少年はかつて一度も会ったことのない母親に向かって泣き崩れ、叫んだ。「お母さん、お母さん、僕のために、これよりも、これよりも、もっと寒かったですか!」

生まれた後、生涯一度も会ったことのない親子が、その太い繋がりと深く相手を思う気持ちから起こさせた哀しくも尊い愛の物語である。この物語を通して、我々は親子の存在意義や人と人との繋がりをもっと真剣に考えねばならないのではないか。

## 四、人に言葉をかける――一所懸命のすすめ

居士林研修の時、天台宗の「一隅を照らす運動」をテーマに法話することが多い。

伝教大師最澄上人が比叡山の修行するお坊さんのために書かれた規則『山家学生式《さんげがくしょうしき》』の中に「一隅を照らす人こそ国宝である」という意味の言葉がある。原文は漢文であり、その読み方で学者さんの間で論争にもなった。しかし、現在では読み方は別にして、その内容は素晴らしいということで、天台宗では布教の標語として「一隅を照らす運動」を展開している。

ある千日回峰《かいほう》行者は「一隅を照らす」を分かりやすく、「自分のポストにベストを尽くす」と噛み砕いて学生に話していた。「自分の置かれた場所で努力をして輝きなさい」ということである。

さて、こんな話がある。

ある女性が子供の頃から何をやっても長続きしない性格で、いろいろ習い事をしたがダメだった。大学生にもなったが相変わらず、あっちのサークル、こちらのサークルと変えていった。それでも無事に大学は卒業して、就職した。受付などの単調な仕事が多かった。入社してしばらく経つと、自分の持ち前の性格が顔を出し始め、「私のやりたい仕事でもないし、毎日毎日単調でつまらない仕事ばかりだし、もう辞めようかな?」と思い、退職して次の会社に入った。

しかし、次の会社でも同じような仕事しかさせてもらえず、また辞めて次の会社に入り直した。こうして次々と会社を変わり、気が付くと履歴書の職歴欄がいっぱいになるくらい変わっていった。すると、次の会社の面接の時、面接官はその履歴書を見て「どうせこの子は、この会社に入っても長続きしないだろう」と思い、採用されなくなった。どの会社に行っても採用されなくなったために、遂に派遣会社に就職した。それでも次々と短期間で職を変えた。

ある時、スーパーのレジの仕事が回ってきた。しかも、そのスーパーといったらまだ旧式のボタン式のレジだった。しばらくすると、やはりすぐに飽き、もう、ここも辞めようかなと思っていた時、田舎の実家の母から電話がかかってきて「もう、仕事を辞めて、そろそろ実家に帰ってきたら？」と言われた。

仕事にも飽き飽きしていたので退職して実家に帰る決心をした。荷物の整理をしていると、子供の頃の日記が出てきた。何気なく開くと、そこには「将来なりたいもの、ピアニスト」と書いてあった。子供の頃、一番長続きしたのがピアノだった。ふと、その頃の気持ちが甦《よみがえ》り「やはり、この飽きっぽい性格を何とか克服したい」と思い直し、再び母に電話して「やっぱり、もう少しレジの仕事を続けてみる」と連絡した。

さて、レジの仕事と共に、昔の気持ちを思い出してピアノも習い始めた。ピアノの方は徐々に上手になり、最後は鍵盤を見ずに弾《ひ》けるまでになった。その時、ふとこんなことを思いついた。「ピアノの鍵盤と、レジのボタンという違いはあるけれども、レジの方も頑張ったらそのうちボタンを見ずに打てるのではないか？」と。その日から一所懸命に頑張った。次第に上達し、周りからも褒められようになり、遂にそらで打てるようになった。すると心に余裕ができ、お客さんがレジに来ると一言二言話しかけるようになった。

ある日、お婆さんが鯛を買っていたので「何かよいことがあったんですか」と聞くと、お婆さんは「孫が水泳大会で賞を獲ったので、今日お祝いをしようと思って鯛を買ったんです」「そうですか、本当によかったですね。おめでとうございます」。何気ないお客様との会話であったが、これが楽しみになり、「明日も頑張ろう」と思えるようになっていった。

そして、ある日曜日、その日は朝からレジが混雑していた。店のアナウンスがかかり、「お客様にお知らせ致します。レジの列の長い所は、どうぞ他のレジにお回りください」と。しばらくすると、再び同じアナウンスがかかった。

ふと気がついて、見ると、他のレジの所には人が少ないのに、自分のレジだけ長蛇の列だった。係りの者が来て、お客さんに「どうぞ、他のレジの所にお回りくださ い」と言うと、列に並んでいたお客様の一人が「私がこのスーパーに毎日来ているのは、ここが特別安いからではなく、ここのレジの女性と一言二言話をするのが楽しみで来ている。だから、このままこの列に並ばせてほしい」と言うと、他のお客様からも「私もそうだ」「自分も同様です」とたくさんの声がかかった。その声を聞いて、このレジの女性はあまりの嬉しさに、その場で泣き崩れたという。

その後、このレジの女性は仕事を辞めることなく長く続け、最後は主任にまでなって後輩を指導したという。決して日本で、また世界で賞賛され、有名になった話でも何でもない。でも、伝教大師最澄上人が言いたかった「一隅を照らす精神」とはこういうことではないかと思う。

# 五、「上下貴賤」で考えない――不滅の法燈

比叡山延暦寺は平安時代に伝教大師最澄上人が人材養成の道場として開かれた。総本堂の根本中堂には大師が自ら刻まれた薬師如来様が安置され、ご尊像の前には今日まで千二百余年間絶えることなく「不滅の法燈」が灯されている。大師は御本尊の前に燈火を灯され、「明らけく後《のち》の佛の御世《みよ》まで光伝えよ法《のり》の燈火」（『新拾遺和歌集』）と詠まれ、お釈迦様が入滅して次の弥勒《みろく》如来が世に出現される五十六億七千万年後まで仏法が永く伝わりますようにとの願いを込めて灯された。

その「不滅の法燈」は今日、伝教大師最澄上人の「一隅を照らす」精神として表れている。即ち、一隅を照らす人を百千万人育てることで日本を平和にしようという思いであり、「一隅を照らす」人こそ国宝であると大師は力説されている。

さて、比叡山延暦寺は桓武天皇の勅許により天台宗が開かれたことから、天皇家や

宮家とは千二百年以上の長い繋がりがあるが、私個人は特にご縁はなかった。それがたまたま、東久邇宮《ひがしくにのみや》記念会の滋賀支部長さんと知り合いになり、平成二十九年四月二十五日に東久邇宮記念賞、十一月三日に東久邇宮文化褒賞、翌年七月二十二日に東久邇宮平和賞をいただくこととなった。

東久邇宮家は久邇宮家から分かれた宮家で、久邇宮家は久邇宮朝彦《くにのみやあさひこ》親王殿下が創設された宮家である。朝彦親王殿下は江戸の天保年間にお生まれになり、十四歳で出家得度して仏門に入られた。二十八歳の時に青蓮院《しょうれんいん》御門主となり、尊融と名乗られる。同年、比叡山延暦寺第二百二十八世の天台座主を拝任される。三十九歳の時、還俗《げんぞく》されて中川宮《なかがわのみや》を名乗られ、幕末には賀陽宮《かやのみや》に改名された。さらに明治に入り、伏見宮《ふしみのみや》に復帰された後、五十一歳で新たに久邇宮家を創設された。

さて、明治に廃仏毀釈《はいぶつきしゃく》、神仏分離により比叡山の堂舎の疲弊も激しく、根本中堂は傘を差して入らなければならないほど荒廃した。大椙覚寶《おおすぎかくほう》天台座主の時、その悲惨な状態をぜひ視察していただきたく、天皇の行幸を請願した。

すぐに政府の視察団が来られ、具《つぶさ》にご覧になり、報告書を出された結果、比叡山の堂舎伽藍《がらん》の維持修理の勧進公許が得られた。延暦寺は伽藍保存のために崇叡会を組織し、朝彦親王殿下を通して全国に勧進し、無事に根本中堂は国や宮内省、内務省、宮家、大臣、天台宗の寺院等の寄附により修理維持することができた。今日、根本中堂の不滅の法燈の三つの燈籠《とうろう》は明治の根本中堂修理後に久邇宮、東久邇宮、梨本宮《なしもとのみや》、賀陽宮、朝香宮《あさかのみや》様より寄進されたものである。

また、朝彦親王殿下は伊勢神宮の祭主にもなられ、神道界と仏教界の両方の要職を務められた稀有《けう》な方であった。

そして、その精神と理念は東久邇宮稔彦《なるひこ》王殿下に受け継がれた。稔彦王殿下は戦後最初の内閣総理大臣になられ、東久邇宮の宮号を賜り一家を立てた方である。しかしながら、総理大臣引退後は宮家を返上された。

その精神はさらに、子である東久邇宮盛厚《もりひろ》殿下（正式には宮ではないが）に受け継がれ、殿下は「発明に上下貴賤《きせん》の別はない、みんな尊い」「ノーベル賞を百とるより国民一人ひとりが小発明することの方が大切だ」「弛《たゆ》まぬ努力によって光り輝く国民一人ひとりを讃《たた》えたい」という理念から、死後に遺産の一部を基金として東久邇宮記念会が創設され、今日の東久邇宮記念賞並びに東久邇宮文化褒賞、東久邇宮平和賞を多くの方に授与するに至った訳である。

「一隅を照らす人々を褒め称える」賞を創設された殿下は、まさに伝教大師最澄上人の唱えられた精神を実践された方である。

## 六、ご加護を頂戴する——霊山の心得

比叡山浄土院は、開祖伝教大師最澄上人の御廟所、即ちお墓がある。

そして数多い最澄上人の御弟子様の中で別当《べっとう》大師光定《こうじょう》様だけが「師の亡くなった後も側にいてお仕えしたい」との思いから、浄土院御廟のすぐ近くの小高い所に別当大師の御廟がある。

別当大師光定様は平安時代に四国愛媛県西条市の生まれで、若き頃は石鎚山《いしづちさん》で修行され、後に比叡山に上って最澄上人にお仕えされた。嵯峨《さが》天皇の信任も厚く、得度の戒牒《かいちょう》である『光定戒牒』は嵯峨天皇真筆の書で国宝に指定されている。また、比叡山の財政を任されたことから別当大師と呼ばれた。その別当大師御廟には入り口の扉がない、遺言で死後暴かれないようにとの理由と聞く。

さて、私の籠山《ろうざん》中のことであるが、西条市生まれで神職をされている信者さんが、

別当大師光定様と同郷ということで別当大師御廟の掃除に毎月来られていた。その折、掃除道具等をお貸ししたりして親しくなり、籠山満行後に「ぜひ一度、石鎚山にお出でください」と勧められ、平成二十一年に十二月に愛媛県西条市の石鎚神社本社で宮司・権宮司様にお会いし、お話を聞かせていただいた後、石鎚山中腹の成就社までお参りにいった。

石鎚山は天狗岳《てんぐだけ》の標高一九八二メートルを最高峰として山頂社のある弥山《みせん》や南尖峰等の総体山である。

西日本最高峰で神の山と崇《あが》められ、開山は役行者《えんのぎょうじゃ》で、石土蔵王権現《いしつちざおうごんげん》を感得したことに始まり、空海や光定様も修行された山岳仏教や修験道の山で、石鎚《いしづち》神社や前神寺、極楽寺、横峰寺《よこみねでら》があり、明治までは神仏合同の霊場であった。石鎚神社石鎚毘古命《ひこのみこと》を祀《まつ》っており、毎年七月一日から十日まで夏山大祭がある。多くは弥山まで登山され、試しの鎖と一の鎖、二の鎖、三の鎖の三ヶ所の鎖場があるが、毎年、多くの信者が全国からお参りに来られる。日本でも御神体を直接、尊像の形で見られる数少ない神社であり、本社、成就社、山頂社には智・仁・勇を表す三体の御神像が祀られている。

また、日本で唯一、六十センチほどのご分身の御神像で背中を加持していただける神社でもある。

ご縁をいただいてから毎年、山頂社まで登山参拝させていただいている。比叡山も神仏合同の霊場であり、その他様々な霊山に登ったが、石鎚山ほど神がいると感じさせる山はなかった。多くの方が神のご加護をいただいている。

## 七、神様も仏様も信じる——三鼎の心得

次章の一で詳しく取り上げる平成二十五年の香春《かわら》神社千三百年祭の後、お誘いいただいたご住職から「神仏合同の法要は良かったね」との話から、ご住職のお寺のすぐ近くの英彦山《ひこさん》神宮でもやりましょうとのこととなった。

英彦山神宮は福岡県田川郡にある標高千百九十九メートルで北岳・中岳・南岳の三峰で構成されている。六世紀に開山の善正菩薩の弟子が社《やしろ》を開かれた。

当初は日の御子の山であることから「日子山」と呼ばれていたが、九世紀の嵯峨天皇の時代に「彦山」と改め、天台宗の山岳寺院で僧は南谷、北谷、中谷、惣持院谷の四谷で天台の教学を学んでいた。神仏習合の時代はそれぞれ法体権現・俗体権現・女体権現と称され、合わせて彦山三所権現と総称された。

十二世紀、英彦山修験は出羽《でわ》の羽黒山《はぐろさん》、大和の大峰山と並ぶ日本三大修験の一つと

なり一大修験道の拠点となった。十四世紀に後伏見《ごふしみ》天皇の第六子第助有法親王、第八子長助法親王を座主に迎えてより一層盛んになった。

当時、僧坊三千余、四十九窟の行場があったという。十七世紀末には天台修験の別格本山となり、十八世紀に霊元《れいげん》法皇から天下に抜きん出た霊山であるとして「英」の字を授けられ、「英彦山」と称するようになった。

明治の神仏分離で修験道は廃止され、彦山修験の本山である霊仙寺《りょうせんじ》を「英彦山神社」と改称、昭和五十年に「英彦山神宮」と改称された。明治の廃仏毀釈《はいぶつきしゃく》の時、座主は名を改め高千穂《たかちほ》を名乗り、明治の高千穂宣麿《のぶまろ》が男爵を授かり、現在の高千穂秀敏《ひでとし》宮司はその末裔《まつえい》である。

現在の宮司の息子は高千穂有昭《ありあき》さんといい、普段は神職を行っているが、以前より仏教の方にも興味があって勉強をし、ご縁があって平成二十九年に私の弟子となった。翌年には比叡山での修行を終え、入壇灌頂《かんじょう》、円頓大戒受戒、昨年（令和六年）は開壇伝法、法華大会広学竪義《りゅうぎ》も修了した。今、故郷の福岡に戻り、明治以降途絶えていた神仏合同と修験道の三鼎《みつがなえ》で復興を始めている。今後が楽しみである。

# 八、信仰心に触れる
## ――リチャード・ギア氏の思い出

浄土院の十二年籠山行中に有名なハリウッドスターのリチャード・ギア氏が、仏教の話をしたいというのでお参りに来られた。映画『Shall We ダンス?』のプロモーション活動で来日の折、時間を作って比叡山にお参りに来られたのである。

リチャード・ギア氏は、元々、チベット仏教に非常に興味があり、ダライ・ラマ十四世に会いにインドまで行き、非常な感銘を受けて仏教に帰依《きえ》した人物である。二時間以上、日本人の通訳を介してチベット仏教と日本仏教の違いをお互いに話した。

チベット仏教は、インドで絶滅してしまった仏教がそのままチベットに入ったので釈迦時代からの顕教から密教まで全て残っている。チベット文字もインドの文字より考案されたものである。チベット仏教は、従って、内容も非常に論理的であり日本の情緒的な仏教とは聊《いささ》か違う感じがする。その修行方法も体系的で分かりやすい。しかし、チベット仏教は単なるインドの仏教の写しでは終わらず、特に密教は時代と共に発達を遂げ独特の後期密教を完成させた。

仏教は輪廻転生《りんねてんしょう》を説くが、現在の指導者ダライ・ラマ十四世は、四歳の時にダライ・ラマ十四世と認定され、チベットの君主の座に就いたが、インドに亡命後は中央チベット行政府の国家元首である。僧侶としてはゲルク派の最高位の博士号を持つ最高指導者であり、政治と宗教両方の指導者である。

さて、リチャード・ギア氏は、後に十四世のお付きをしていたチベット僧の弟子にまでなった俳優である。ダンディなイメージがある一方、アメリカ議会で中国のチベットの迫害について訴えるなど行動力のある方で、話をしている最中にも精神的な強さを感じさせた。

リチャード・ギア氏と私は、最後に一緒に写真を撮ったが、残念ながら手元にはない。彼は写真にもこだわりがあり、趣味を超えて何度も写真の個展をされていると聞いた。十二年籠山修行中だったため、滅多に来客はなかったが、仏教に対する真摯《しんし》な信仰心とその行動力に心洗われるひと時を過ごした。

# 九、自分を律する――比叡山の一つ目小僧

比叡山根本中堂の近くに総持坊という修行道場があり、その玄関の上部に木の板がある。板には一つ目で、一本足、一本下駄で立ち、鐘を持っている奇怪な絵が描かれている。その姿は「一つ目小僧」と呼ばれ、慈忍和尚《じにんかしょう》の化身で、自分が死んだ後も比叡山の僧が堕落しないように見張っているのだという。修行を怠けたり、酒を飲んだり、鳥獣を捕まえて肉を食べた僧の前に立ち、見た僧は山を下りることになるという。

慈忍和尚は天皇より下賜された諡《おくりな》であり、法名は尋禅《じんぜん》という。尋禅和尚は平安時代、右大臣藤原師輔《もろすけ》と醍醐《だいご》天皇の皇女、雅子《まさこ》内親王との間にお生まれになった。師僧は第十八代天台座主慈恵《じえ》大師 良源《りょうげん》和尚である。当時、慈恵大師は東宮御持僧であったので、藤原師輔も我が子の養育をお願いした。尋禅和尚が十歳の時、慈恵大師に預けられ、十五歳にして出家得度して顕密の奥義を究めた。三十歳にして朝廷より一身《いっしん》阿闍

梨並びに僧綱に任ぜられ、三十歳の時に公家祈願の効験《こうけん》が著しく、権《ごん》僧正に任ぜられるなど多数の栄誉を賜った。

四十三歳の時、第十九代天台座主に任ぜられ、花山《かざん》天皇得度の戒師を勤められた。後には円融《えんゆう》天皇の円頓大戒の戒師をはじめ、多くの業績をなしたが、世間の栄誉を厭《いと》い、天台座主並びに権僧正の僧位の解任を申し出て、横川《よかわ》の別所、飯室谷《いむろだに》妙光院《みょうこういん》に籠居《ろうきょ》された。寿四十八歳にて念仏を称え遷化《せんげ》されたという。その飯室谷の御廟は今でも霊気が強く、比叡山の三大魔所の一つとして知られている。

そして、自分の死後、叡山の僧が堕落せず、仏法が廃《すた》れないようにお山を守るとの誓いから一つ目小僧になったという。

私の十二年籠山中に霊感のある知人が、根本中堂のお参りの後、総持坊の前にて一つ目小僧を見たという。その姿は伝説通りの姿であったが、目は顔ではなくて体の真ん中にあったそうだ。千年の時を超えて、今でも慈忍和尚は比叡山の僧を見守っているのであろう。

時代は変わっても、比叡山では今なお、不思議なことは多く、千日回峰行者は暗い中、提灯一つで歩いていると、東塔《とうとう》の本坂辺りで餓鬼《がき》を見たり、西塔《さいとう》の狩籠《かりごめ》の丘で天狗に出会ったり、横川で亡者の宴会の声を聞いたりするそうである。

# 十、おもてなしの心に学ぶ――吉田山荘

京都は天台宗の門跡寺院が多いが、京都に青蓮院《しょうれんいん》門跡がある。名誉ご門主は四十九代目のご門主で旧皇族、旧華族にして昭和天皇の義弟、香淳《こうじゅん》皇后の弟であるから、現在の上皇は甥にあたる。百三歳で亡くなられたが、若き頃に私の住んでいる戒蔵院から京都大学に聴講に通ったといわれている。その後、京都大学の美術史の講師を頼まれたので、昭和七年に吉田山の近くに東伏見宮家別邸を造り、そこから通ったと聞く。

その後、戦後になって東伏見宮は皇籍を離脱され、別邸も売却されて吉田山荘という料理旅館となった。その吉田山荘の女将《おかみ》とご縁をいただき、店には年二〜三回行っている。旧宮家の別邸であるので建物も立派である。表唐門は有名な宮大工《みやだいく》棟梁《とうりょう》・西岡常一《つねかず》氏の作で、建物は総檜《ひのき》造り、屋根瓦は裏菊紋があしらわれている。玄関左手

や応接間などにはステンドグラスが嵌《は》め込まれて、和と洋を組み合わせた存在として有形文化財に認定されている。

女将の中村京古《きょうこ》さんは日本文化や宗教にも精通され、食事の席にはお一人おひとりに直筆で季節の和歌を書いた和紙が置いてある。もちろん、現代語訳も付けている。何でも上皇后の美智子様と同じ先生にお習いになったと聞く。店の日本酒は京古と名付けられた特製の少し甘い飲みやすい酒である。ミニコンサートなどのイベントがあったりする。いつも和服でおられ、京都の伝統的な雰囲気を堪能できる。

# 十一、伝統芸能に親しむ――おわら道場

日本には伝統芸能がたくさんある。大衆が教養のためや楽しむものであったり、神様や仏様に奉納されたりする目的で祭事や儀式で行われた。

歌では和歌や俳諧など、日本舞踊では神楽や白拍子・念仏踊り・盆踊りなど、演劇では能や狂言・歌舞伎・人形浄瑠璃など、音曲では雅楽《ががく》・琴や尺八・浄瑠璃節・長唄・民謡唄など、演芸では落語や講談など、工芸では漆器や陶芸など、芸道では茶道や華道・書道など多種多様である。演題・演目や内容にも仏教と関わりが多い。

私も年に何回か能・狂言や歌舞伎等を鑑賞しているし、茶道・華道・書道は特にお寺に不可欠なものである。

さて、平成二十六年に「越中八尾《やつお》おわら道場」の代表庵さんから、翌年の式典での講演の依頼があった。富山市の越中八尾では九月一日から三日までを「おわら風の

盆」といって越中おわら節を唄い、踊る年中行事が行われている。現在では約二十五万人の見物客が来るが、元々は仏教のお盆の仏事で、ご先祖さんにお供えする唄と踊りであった。

私が講演させていただいた「おわら道場」三十周年記念の式典が平成二十七年三月二十一日に行われた。記念式典に先立ち、前年の二十六年五月三十一日に延暦寺根本中堂の仏前にて奉納、その後約百名の会員が広場で、力強い「男踊り」と優雅であでやかな「女踊り」で三味線と哀愁を帯びた胡弓《こきゅう》音色の中、輪踊りや踊り流しを披露された。

おわらの起源は江戸時代の元禄《げんろく》期といわれる。町外の流出した『町建御墨付文』を町衆が取り戻したことを喜び、三日三晩踊り明かしたことが由来という。越中八尾の「おわら風の盆」は当初、浄土真宗の聞名寺等でお盆の仏事として行われていた。時代と共に仏事は次第に九月一日~三日までの町の年中行事となっていった。加えて、昭和三十年代から五十年代にかけて民謡ブームがあり、その後、民謡は徐々に陰りが見られるようになったが、越中おわら節は人気が高く、全国から本物を求めて人数が増え続けた。

しかし、五十年代のバブル時代に観光客に合わせてきたことで、伝承された唄や踊り、三味線や胡弓の中身が次第に希薄になってきていることを憂い、明治生まれの名人たちが中心になって「おわら道場」を設立した。「おわら道場」では芸事の研鑽《けんさん》と年二回の昇段試験を行っている。

初段から準師範までは早くて四〜五年、長い人で七〜八年かかるという。芸事といえども厳しい修行と変わりがなく、仏道修行との違いはあるけど、通じるものがあるということで、記念式典で「比叡山の荒行」をテーマに講演させていただき、多くの人から共感をいただいた。

# 十二、故人の遺志を引き継ぐ——今日よりは明日

古今東西、聖者や君主等の偉人が亡くなられる前、弟子や家臣に最期のメッセージとして遺誡《ゆいかい》文や遺訓を残すのは珍しくない。

私が心に残った幾つかの最期の言葉を紹介してみたい。

まず、天台宗の開祖伝教大師最澄上人の遺誡は「我が為に仏を作る勿《なか》れ、我が為に経を写すこと勿れ、唯わが志しを述べよ」（伝述一心戒文より）

和国の君主といわれる聖徳太子は「世間は虚仮《こけ》なり。唯仏のみ是れ真なり」（天寿《てんじゅ》国繍帳《こくしゅうちょう》より）との言葉を残している。

また、徳川家康の遺訓は有名である。「人の一生は重荷を負うて遠き道を行くが如し。急ぐべからず。不自由を常と思えば不足なし。心に望み起こらば困窮したる時を思い出すべし。堪忍《かんにん》は無事長久《ちょうきゅう》の基、怒を敵と思え。勝つことばかり知りて、負く

ることを知らざれば害その身に至る。己を責めて人を責むるな。及ばざるは過ぎたるに勝れり」。

最後に有名人ではないが、まえがきと本章の三でも触れさせていただいた私が長い間懇意にさせていただき、致知出版社より本を出すご縁をつくってくださったニューヨークの「おめん」の店長、故品川幹雄氏。氏は日本の文化や宗教を広め、世界平和のために日本が国際的役割を果たすことを常に願っていた。残念なことに、令和三年に六十六歳で遷化《せんげ》されたが、彼の最期のメッセージを掲載させていただいたので、ぜひ読んでいただきたい。

世界はひとつ。

平和を願う理念を共有する人々と共に新しい人類史に於ける大自然と人間が美しく共生できる未来社会を構築して世界の人類育成の礎となることを目指し宇宙的・地球的・和文化の新時代を育んでゆく創造の場とする。

魅力ある日本。これからの国際未来社会での常識と為す様、人材育成が必須と成す時代であるのが今日の世界現状である。

過去の欧米文明とアジア文明とを基に橋渡し役を日本が担う。

国際的に日本研究者を増やすこと。外からの力を自衛へと結ぶ。

我が国の国際国家独立国としての自覚の低下と意識のなさ。そして政治・経済・社会学を底辺から見直し、文化面・技術面への成長戦略を考える。

内々が自国を評価するのではなく、外部国際社会からの評価を得ることによって国際評価基準と成し得る。

この人類史の大節のなか、世界助けの心を定める。

おたすけの専門家として必要な知見を学ぶ。

若い人々のエネルギーと年配者の落ち着いた丹精力の集合体を確立する。

神人和楽。日本の文化力。気の文化文明の輝く母なる平和ランド。

それに加えまして菩薩行のことをお話しさせていただきたいと思います。

菩薩から如来に。本プロジェクトに関し引率するものは如来の化身としての覚悟と意識を持ち合わせて声を出してゆく心の改革。

ひとつの布を織り立てるように、これから縦にも横にも中身を詰めてゆかねばなりませんので、また落ち着かれて連絡を取り合う様に致しましょう。

# 第四章

# 縁と恩、そして運を味方にする

——十二の心得

# 一、神域を大切にする――因果応報の心得

ご縁があり、平成二十五年十一月二十四日に福岡県田川郡の香春《かわら》神社千三百年祭の神仏合同法要に招待された。

元々、香春神社は、香春三山の頂上に祀《まつ》られていた三社を現在地に移設したものである。

辛国息長大姫大自命《からくにおきながおおひめおおじのみこと》を祀る大自神社が第一の岳に祀られ、忍骨命《おしぼねのみこと》を祀る忍骨神社が第二の岳に、豊比咩命《とよひめのみこと》を祀る豊比咩神社が第三の岳に祀られており、宇佐神宮と共に豊前《ぶぜん》国を代表する大神社であった。後には香春岳は炭坑節でよく知られるようになった。

今から千二百年前、伝教大師最澄上人は入唐された。

当時、遣唐使船は九州からの出発であり、命懸けの航海であった。そこで大師は入

唐前、渡海の安全を祈るために宇佐八幡宮にお詣りされた。その折に八幡大菩薩から「八幡宮の西に在す香春明神に渡唐の祈誓をすべし」とのお託《つ》げがあり、香春宮に詣り明神に精祈したところ、夢に示現して「和尚の慈悲により我が業道《ごうどう》の身を救いたまえ。さすれば我は和尚の求法《ぐほう》を加助し守護しましょう」との言葉をいただいた。その姿を見ると左肩は人のようであったが、右は巖石《がんせき》のようであった。

次の日、香春山を見上げると、昨晩見た夢の香春明神の姿そのものであり、山の左辺は草木が生い茂っていたが、右辺は岩のごつごつとした大白山であった。そこで大師は早速にお堂を建立し『法華経』を読誦《どくじゅ》したところ、しばらくして香春山の右山膚《やまはだ》の巖石に草木が生じたという。

かくして、無事に入唐の大願が果たされて帰朝すると、明神に対する報恩謝徳のために香春宮にて『法華経』の法会を行い、護摩の秘法を修されたところ、忽《たちま》ち紫雲光輝の瑞相が現れたという。大師はこの地に法華院等の七堂伽藍《がらん》を建立し香春山神宮院と名付け国家安泰の祈禱道場とした。その後、この辺を中心にして九州一帯に天台宗の教えが弘《ひろ》まった。

さて、香春山の三の岳からは銅が産出されたことから、元々この麓《ふもと》の地には採鉱・精錬・鋳造の鍛治《かじ》技術を持っていた新羅《しらぎ》からの渡来人が住んでいたという。ここから産出された銅も奈良の大仏建立に使われた。そして新羅の人が祀った神が香春明神である。

近年、一の岳から石灰石が採れたことから日本セメント会社が買収し、今では岳の頂上から三分の一ほどが削られた台形状になっている。

町の人に聞くと当時、山の売買を決めた村長一族は間もなく全員亡くなられたとのことであった。国のいろいろな情勢の中、また歴史の変遷もあって仕方がなかったのであろう。

神の山といわれたご神体を削ってまで村の経済を支えた英断だと思うが、同時にそれは多くの信仰のある村民たちにとっては誠に悲しいことであり、その因果応報はなかなか消えることはないであろう。

## 二、秘境に足を向ける――弁財天のお力

福岡県の香春神社千三百年祭の後、当時、信州善光寺の副住職であった瀧口宥誠《たきぐちゆうじょう》師から、奈良県吉野郡天川村の天河《てんかわ》弁財天社での神仏合同法要に来ないかとのお誘いがあった。

十二月の巳の日に、まず神事があり、後に秘法である宇賀神浴酒供《うがじんよくしゅく》の密教法要を行っている。瀧口住職は弁財天の信仰が特に深く、何十年と天河弁財天社に毎月お参りされている。

弁財天社の柿坂神酒之祐《かきさかみきのすけ》宮司と親しく、遂に合同法要を復興したいとの思いから実現された。

天河弁財天は、天武天皇と役行者《えんのぎょうじゃ》により、伊勢神宮の天照大神を天の安河の日輪弁財天女、別体不二の神として大峰山《おおみねさん》の最高峰である弥山《みせん》の鎮守として祀ったことか

ら始まる。江戸時代まで大峰本宮として格式の高い社として認識されていたが、後に明治の神仏分離でご本尊の弁財天女は宗像《むなかた》三女神の中の市杵島姫命《いちきしまひめのみこと》と称するようになった。しかし、今でも根強く「弁財天」として信仰されている。厳島《いつくしま》の弁財天、竹生島《ちくぶしま》の弁財天と並び、日本三大弁財天の一つとして知られている。

本殿に祀られている弁財天の尊像は通常非公開であるが、毎年、七月十六日・十七日に行われる例大祭においてのみ御開帳される。御開帳時には祝詞《のりと》だけでなく、般若心経、神楽や能楽、アーティストの演奏等が数多く奉納される。因《ちな》みに本殿右の扉の中に安置されている秘仏の日輪弁財天像は六十年に一回の御開帳である。

先代の柿坂宮司は大学の医学部を卒業された後、神秘体験を求めて世界中を旅して様々な祈りの儀式を体験、南米アマゾンに七年間暮らして言葉も分からない中から心を読み取り、遂に霊感を得た。

帰国後もさらに様々な体験をして昭和三十一年に宮司に就任された。地図にも載っていない秘境の地であるが、多くの人に天河弁財天様のご利益をいただいてほしいとの思いで、獅子奮迅の努力の末、今では多くの人がお参りされるようになった。夏の夜空の天の川が特に美しく、また強い霊的な力を感じるとの理由から全国から霊能力者がお参りに来るという。

また、復興された十二月の神仏合同の神事では、瀧口住職の浴酒供も霊験あらたかで多くの祈願が成就されると評判である。私も初年に随喜《ずいき》して大変感激致し、次の年から毎年出仕させていただく恩恵を得ている。柿坂宮司との興味深いお話も非常に勉強になり、その真摯《しんし》な信仰に毎回魅せられている。

# 三、考え方一つで、悩みを消す——無常のすすめ

世の中には霊感があってもなくても、お化けや幻覚を見たり、幻聴を聞いたりする体験のある人は少ないであろう。

チベットでは死者の涙を自分の目に付けるとお化けが見えるという説まである。また、「目を開けて見えるのが幻覚、目を閉じても開けても見えるのは本物の霊である」と定義する学者さんがいるという。

さて、浄土院での十二年籠山《ろうざん》中のことである。

ある日の夕方、閉門後に三十代の若者が訪ねて来て「一晩こちらに泊めてもらえないでしょうか?」と言われた。浄土院は御廟を含めて一般の方でもお参りできるが、庫裡《くり》は十二年籠山行されている行場であるので一般の方は入れない。「ここは一般の人は泊められない場所ですので無理です」と断った。

事情を聴くと「工場に勤めていたが、ある時、お腹の辺りから声がする。最初のうちは気にしないようにしたが、だんだんと気になり始めて、とうとう最後には仕事が手につかなくなった。仕方なく、会社を辞めて病院に行くだけでなく、神社仏閣にお参りしてお祓《はら》いもしてもらったが一向に治らない。たまたま、比叡山に登ってきて数日滞在したが、この浄土院までお参りに来た時に、ここに一晩泊まったら治るのではないかとの直観が閃《ひらめ》いた」とのことだった。

もちろん、規則であるので宿泊は断った。第二章の七でも触れた、私自身は修行中に何か月も幻覚幻聴が続く体験があり、しかも一日二十四時間聞こえたり、見えたりであったので、一向に幻覚や幻聴は気にならなかった。むしろ、ずっと話しかけられ、退屈しないでよかったくらいにしか思ってなかった。

しかし、この青年にとっては他の人が聞こえない声が聞こえるということは重大な問題だったのだろう。もし、この青年が私のような気楽な考えを持っていたら恐らく幻覚幻聴で悩むことはなかったであろう。人間、考え方ひとつで悩みにもなるし、楽しみにもなる。しかし、いったん気になりだすとなかなか心から切り離すことができないものであるが……。

宗教の中には神の啓示を聞いたり、予言としての声であったりするので一概に全て幻聴とはいえない。仏教ではすべての見える世界、聞こえる世界は一心の作という。即ち自分の心が作り出しているのであって、世界は実体のあるものではなく、幻影のようなもので、無常であるという。たとえ仏の姿や声であろうと、菩薩の姿や声であろうと、囚《とら》われてはいけないというのが真理である。だが、現実に、その形や姿や声に囚われているのが煩悩のある我々凡人である。

## 四、心を清くする——是心是仏

天台宗では開祖伝教大師は亡くなったと考えていない。その身は滅したが魂は生きていると考え、御廟のある浄土院では今でも生きたお大師様にお仕えする侍真職《じしん》の十二年籠山比丘《びく》がいる。

そして侍真になるためには好相行《こうそうぎょう》というテストに合格しなければならない。テストとは一仏一仏、仏様に焼香し、花を捧げ、仏教で一番丁寧な五体投地という礼拝を行う。これを毎日三千回繰り返し行うのである。懺悔行《さんげぎょう》といわれ、完全に心が清まったら目の前に仏様が立つという。大体三ヶ月くらい続けると仏を感得するといわれ、私も挑戦したが、実際はなかなか見えるものではない。行中にはいろいろな幻覚が見えたり、幻聴が聞こえたり、幻臭がしたり、自分の業相が見えたりするが、その中には目に見えるこの世の世界が全てキラキラとダイヤモンドのように光輝いて、心奪われる美しい光景も度々見る。

ある時、真言宗の寺庭婦人とお会いする機会があった。その女性は仏様のご加護をいただき、毎日のように天の世界を見せていただいていた。根本中堂をお参りすると、過去世で自分が僧侶で拝んでいる姿が見え、浄土院の近くに来ると、甲冑《かっちゅう》を着けた大黒天が案内したという。私が行中に美しく見えた世界の話をすると、「まさに天の世界です」と言われたが、天の世界を見たことのない私は「そうですか」としか言いようがなかったが……。それからお堂に行き、私は仏様の目の前に座り、女性は少し離れて私の後ろに座っていた。その時、女性が言った言葉を私は忘れられない。私の姿が仏様に見え、「五色の美しい、巨大な蓮華《れんげ》に座っているように見える」とのことだった。

その時まで私は、人は脳や目に異常がなければ、この世の景色はどの人も同じに見えると思っていた。経典には神のような清い心で見れば、我々の見えている世界でさえ、我々とは違った美しい世界に見えると書かれているが、実際に美しい世界が見える人に出会って、初めて本当のことなのだと気付かされた。仏教では「是心是仏《ぜしんぜぶつ》」という言葉があるが、まさに清いこの心が、仏様そのものなのである。

## 五、心を空っぽにする――チャクラの心得

在家からお坊さんの世界に入って初めて、俗に霊能力者といわれる人に会った。今から三十年ほど前のことである。

初めてお会いした時、生年月日を聞かれ、手相を見て私の性格を当てられた。次に背中に手を当てて初恋の人の顔や姿など言われたが、まさにその通りであった。その霊能力者によると、何でも背中に手を当てれば、その人の歩んできた一生が全て映画のように見えるとのことであった。

また、心に思っていることが分かると聞き、まさに言い当てた。仏教で懺悔の中には「仏は我が心を知る。故に我、仏に恥ず。天は我が心を知る。故に我、天に恥ず。人の中の目ある者は我が心を知る。故に我、人に恥ず」という言葉がある。

ほとんどの人は自分の心は自分以外には知らないと思っているが、人の中にも特別

な能力を持つ人は人の心が読めるものである。インドのある聖者が言った。「他人の心を知るのは難しいことではない。目の前の人に対し、まず自分の心を空っぽにする。次の瞬間、自分の心に浮かんだ思いはまさに相手の心そのものである」と……。自分の心を空っぽにすることで相手と一体になれるというのである。

また、修行中のある時、体調を崩して行がなかなか進まなかった時があった。かの霊能力者に相談すると「チャクラを開いてあげるよ」と言ってくれた。チャクラとはサンスクリット語で、円、円盤、車輪、轆轤《ろくろ》を意味する言葉で、漢訳では輪と訳される。ヒンドゥー教やヨーガ、チベット密教で使われ、人体のエネルギーが結集し、出入りをしている場所で七ヶ所ある。

第一チャクラは尾てい骨で、活性化すると健康が得られ、第二チャクラは丹田《たんでん》（臍《へそ》の下）で調和、第三チャクラはみぞおちで勇気、第四チャクラは胸の中央で愛、第五チャクラは喉《のど》ぼとけの下で創造、第六チャクラは額《ひたい》の中央で直感、第七チャクラは頭頂で知恵が得られるという。

チャクラが開くことで特別な能力が開発されるが、能力を使い過ぎるとその部分に当たる内臓が酷使されて寿命を迎えるともいう。ヨーガ等の呼吸法や瞑想により開発されていったり、仏道修行により開発されたりするが、一般の人でも仕事で極度の集中力により自然に開発される人もいる。

しかし、チャクラを開くことで単純に修行が進むとか、精神レベルが上がるとか、というとそう上手くはいかない。霊能力者が私のために開いてくれたチャクラも、その精神レベルに達していないために一瞬で閉じてしまった。霊感のない私にはこれくらいのことでも未知の世界の連続であったが、かつて聖者・高僧と呼ばれる人は厳しい修行の結果、常人の能力では計り知れない高さまで到達したのであろう。

## 六、神社のお力をお借りする――神職

今から約十年前、比叡山での修行にいったん区切りをつけ、下界に下りた頃の話である。

ある人から、神が降りる人を知っているので、一度会ってみないかと言われ、会いに行ったことがある。九十歳ほどの老婆であったが、頭もしっかりして変なことを言い出すような女性ではなく、優しさ溢《あふ》れる透明感のある方だった。

会いに行くとお茶を飲みながら比叡山の修行のことなど話し、しばらくすると、私は考えていた質問をしていなかったのに相手には分かっていたようで、祈りが始まった。神に祈り出すと、神がその女性に舞い降りる、トランス状態のようではなく、神の言葉と教祖の言葉がそれぞれ分かり、多少歌のように節のある感じで、普段の会話のように質問の答えを話してくれる。

その日は風もなく、天気も良い穏やかな気候であったが、祈りが始まると天井裏からミシミシと音がする。人為的な音ではなく柱が軋《きし》むような音であった。空耳かと思ったが、後で聞くと他の人も聞こえたという。話の内容は録音しても構わないとのことだったので録音が残っているが、やはりミシミシという音が残っている。外国人の相談者の場合、その人の話す言語で話し出すというのを聞いたことがある。何とも不思議な体験であった。

話は変わり、私が下界に下りる一年くらい前の頃の出来事である。

十二年籠山満行の記念品に抹茶茶碗を作ってもらおうと思い、大阪府高槻《たかつき》市にある古曽部焼《こそべやき》の窯元、寒川義崇《さむかわよしたか》さんにお願いした。比叡山で唯一、学術名としてエイザンの名前が付くのがエイザンスミレ（叡山菫）であるので、茶碗の図柄はエイザンスミレに決めていた。エイザンスミレはスミレ類としては異質の細裂した独特な葉を持つ種類で、登山道、林道の脇でよく見かける。花の色は白に近いものから紅色に近いものまでいろいろある。貰《もら》った人に最澄上人のご加護をいただいてほしいとの思いで、釉薬《うわぐすり》に浄土院御廟の土を混ぜ、一つひとつの茶碗にエイザンスミレを描いていただき四百個作った。

古曽部焼は摂津の国、古曽部の里に能因法師が始めたとされる。現存する作品は江戸時代の寛政年間に初代の五十嵐新平は開窯し、二代から五代まで続き、遠州七窯の一つとして有名になったが、明治に廃窯した。大正年間に京都五条坂の陶工河合磊三《かわいらいぞう》が復興、磊三古曽部というのもあったが後は続かなかった。

昭和四十五年春に、現在の寒川義崇さんが新古曽部焼を再窯した。寒川さんは幼少より父の紀州焼葵窯初代寒川栖豊に茶陶を学び、大阪芸大陶芸専攻を経て、高槻で茶陶古曽部焼として再興し、茶道の表千家、裏千家、武者小路千家、各千家家元より嘱目をいただいている。

しかしながら、再興は簡単ではなかった。粘土は採れて作陶したが売れない。そこで、寒川さんは知人の石鎚本教《いしづちほんきょう》の女性の神職さんに相談に行ったという。神職さんは「再興すると言っても、古曽部焼のご先祖さんがいる。そのご先祖さんの許可が得られなければ、いくら作っても売れないよ。私がご先祖さんの供養の仕方を教えてあげるから、私を信じるならやってみなさい」と言われた。

早速、実行してみると、作品が次第に売れるようになったという。元々は信心深い訳ではなかったが、土の神様、水の神様、火の神様を祀るようになり、何かあるとすぐに神職さんに相談するようになった。その神職さんはまさに祈ると神が降り、その指示は適切でかつて一度も間違ったことはなかったという。何十年もの間、神職さんに不思議なことをたくさん見せていただき、遂に神を信じるに至ったという。

ある時、茶器の桐箱の業者に迷って相談に行った時も「二つの中、一つの業者は大きく、もう一つの業者は小さい。しかし、この小さい方の業者は信心があり、茶道の祖である千利休《せんのりきゅう》の墓参りに必ず毎月行っている。いずれ、この業者は大きくなる。ここにしなさい」と言われた。実際、言われた通り、小さい方の業者にしたが、後に大きな会社となった。こうして月日が経つごとに運が良くなり、奇跡的に茶道の三つの家元すべてに茶器を買ってもらえるまでになったという。

修行に区切りを付け、比叡山を下りてから約十年経つ。それから神が降りるという神職に何人もあったが、やはり独特のオーラがある。また、お寺だと不思議な現象は日常ではほとんど起こらないが、神社では日常的に不思議なことがよく起こるらしい。

# 七、「六根」を清浄に保つ——色即是空

ある時、兵庫県の天台宗の名刹《めいさつ》、書写山圓教寺《えんきょうじ》にお参りに行った。その時、たまたまかつての学生時代の同級生が案内してくれた。

圓教寺を開かれたのは性空上人《しょうくうしょうにん》である。性空上人は平安時代中期に京都で生まれ、十歳の時に法華経を習って出家を志すが両親は許さず、三十七歳で出家された。比叡山にて第十八世天台座主、慈恵《じえ》大師良源《りょうげん》上人の弟子となって修行されたが、栄華を嫌い、九州の霧島山や背振山《せぶりさん》に二十余年籠《こも》って修行を続けた。上人が五十七歳の時、山にかかる瑞雲に導かれて書写山に来たという。

やがて、性空上人の名声と徳は京の都まで届くようになり、花山法皇《かざんほうおう》より圓教寺の寺号をいただき、伽藍《がらん》等が次第にでき上がっていった。円融上皇《えんゆうじょうこう》に入洛を求められたり、中宮彰子《しょうし》と和泉式部《いずみしきぶ》が上人との結縁を求めて来訪されたりしたが、権勢や栄

華を嫌う上人は書写山の北方に隠棲し、九十八歳で入寂された。

さて、上人は長い間、生身の普賢《ふげん》菩薩に会いたいとの願いがあった。ある日、夢で「神崎の遊女の長者を見よ」とのお告げがあり、喜色満悦で早速、神崎に行った。座敷に入り、長者が鼓を取って乱拍子の上句を弾き、唄を歌い始めた。長者が「周防室《すおうむろ》積《つみ》の中なるみたらしに、風は吹かねども、さざ波がたつ」と歌うと長者の姿は六牙の白象に乗り、眉間《みけん》の白毫《びゃくごう》から光を放って道俗貴賤男女を照らす普賢菩薩に変わり「実《じっ》相無漏《そうむろ》の大海に、五塵《じん》六欲の風は吹かねども、随縁真如《ずいえんしんにょ》波の立たぬ時なし」と歌ったという。

また、別の説では「室の遊女が長者を拝め。それぞ、まことの普賢なり」とのお告げだったという。上人は僧衣を脱ぎ、小袖に着替えて室津の長者の宿へ赴《おもむ》いた。上人はぜひとも舞が見たいと所望し、やがて長者が「周防みたらしの沢辺に風の音づれて」と音頭を取ると、遊女たちが「ささら波たつ、やれことつう」と声を合わせて囃《はや》した。上人が目をつぶって聞くと、遊女の姿は消えて六牙の白象に乗り、眉間の白毫から光を放った普賢菩薩に変わり「法性《ほっしょう》無漏《むろ》の大海には、普賢悟順の月の光ほがらかせ」と聞こえる。目を開けると遊女の長者の姿に映り、「ささら波たつ……」と歌っている。

思わず聖人は合掌して「色即是空《しきそくぜくう》」と唱えると、遊女の姿は忽然《こつぜん》と消えて普賢菩薩の姿となり、「空即是色《くうそくぜしき》」と答えられた。やがて普賢菩薩の姿は消え、聖人が感涙にむせび帰ろうとすると、遊女は「決して人に言ってはなりません……」と告げて、そのまま倒れ伏して死んだという。

性空聖人は法華経を実践することで六根が清浄になったという。我々凡人と同じ眼と耳でも清らかになった聖人には、俗人は聖者に、俗語は仏法に聞こえていたようである。

# 八、宿縁に思いをはせる――観世音菩薩

比叡山に自生する八重《やえ》の菊で十六弁の叡山菊《えいざんぎく》というのがあるが、正式名は叡山菊ではなく、和名はミヤコワスレ（都忘れ）。原種はミヤマヨメナである。

元々は淡青色であるが、江戸時代から改良されて青、ピンク、白があり、四月から六月に咲く。その「都忘れの花」を紋章化したものが十六弁の菊の御紋で、現在は皇室の紋として知られている。

平安時代に比叡山延暦寺が寺紋として使いたいと朝廷に申し出たところ、時の天皇がぜひほしいというので献上したとのことである。天皇と同じ紋では失礼なので、比叡山の寺紋は十六弁の菊の中心に仏法を表す、転法輪のマークを入れ、菊輪宝という。

さて、平成二十八年六月に天台宗一隅を照らす運動兵庫県推進大会に講師として推薦されて行った。前日に着き、晩に役員の方々と会食したが、その中に進美寺《しんめいじ》の御住

職、山本良年《りょうねん》さんがおられた。会食中、進美寺の歴史事由などを聞いて大変興味を持ち、一隅大会が終わった後にお参りさせていただくこととなった。さて、この進美寺には不思議な神秘的伝説が残っている。要約するとこんな話である。

遥か昔、ある天皇の時、帝には皇子が恵まれず、美しい皇女が一人おられた。ところが、皇女は生まれた時から一言も口を開かないので、帝は国中の名医や加持祈禱をいろいろ試してみたが効果がない。ある家臣が「諸国を仏教巡礼して回れば、必ず言葉を発せられるようになるに違いありません」と進言したことをきっかけに諸国巡礼となった。

皇女一行が但馬国《たじまのくに》二方郡に着いた時、皇女が生まれて初めて言葉を発せられた。一行は早速、宮中に帰り報告したが、皇女はまた元の如く口がきけない。再び、皇女一行が但馬国二方郡に着くと、忽《たちま》ち言葉を発せられた。よほどこの地にご縁があるのだろうということで、皇女をこの地に留《とど》め住まわせることとなった。帝は禁裏御苑の「都忘れの花」一株を渡し、「この美しき花を愛でて長く都を忘れよ」と言って但馬国に送らせた。

その後、皇女は家を建て、子々孫々まで「品治《ほんじ》」を名乗るようにと言ったと伝えられている。それは、この二方郡で三口言葉を発せられたことから「品治」と名付けた訳である。また、品治家は代々、国府庁の筆頭総判官代の地位をいただき、帝より許された菊の御紋を家紋とし、子孫の名前には菊の名が付けられたという。

時は変わり、但馬国府庁の筆頭総判代官、品治菊麿《ほんじきくまろ》の代の時の話である。菊麿には二人の娘がいた。長女は夏菊《なつぎく》、次女は春菊《はるぎく》といい、長女は十三歳で因州鳥取高草郡に嫁いでいた。父の菊麿は仏教の信仰に熱心で、次女の春菊とよく進美寺にお参りに行った。ご本尊は聖観世音菩薩で住職は明運《みょううん》上人様であった。

明運上人は名門の禁裏守護の武家の長男に生まれたが、二十五歳の時に世の無常を感じ出家され、比叡山で修行、その後各地の霊山を巡礼していた。諸国巡礼でちょうど但馬国二方郡に来た時、一人の老僧に出会った。老僧は遥か東の方を指さして「あの山に、進美寺という寺があったが、焼失して今はない。しかし、かつて行基《ぎょうき》菩薩がこの山に登り、観世音菩薩の霊夢を見て開山された海内無双の勝地であるから登ってみるとよい」という。老僧の言葉に従って登ると、誠に霊地であった。

その後、明運上人は、この場所に草庵を建て、寺の復興再建の大願を起こした。残念ながら、寺院再建のきっかけをいただいた老僧の行方をいろいろ尋ねたが遂に見つからなかった。あの時の老僧は行基菩薩の化身ではないかと明運上人は思った。

やがて、明運上人は霊験あらたかな加持祈禱の力で多くの病人を治し、仏法弘布の努力の結果、但馬遠近の衆生から普《あまね》く帰依を受けて、ようやく進美寺の伽藍《がらん》は復興された。

ある日、それは本尊聖観世音菩薩の大供養の日であったが、菊麿と娘の春菊がお参りの行った時のことである、行事が終わり、お茶をいただいていた時に、明運上人はじっと春菊を見つめ、「おとなしい良い娘御じゃ、どこかご本尊の観音様に似ておられる」と申された。父の菊麿は娘を褒《ほ》められてうれしそうであったが、「あまりにも無口で心配しております」と申し上げると「いや、言葉多きは品《ひん》少なしと申します。お静かな質《たち》こそよろしいのでござる」とさらにお褒めになった。娘も次第に明運上人をお慕いするようになり、足繁く寺にお参りするようになった。

進美寺では毎年、七月二十六日に二十六夜待という行事がある。進美寺から少し登ると進美寺山の頂上があり、白山《はくさん》権現を祀った祠《ほこら》の付近で、夜遅く東の須留岐《するき》連峰から出る二十六夜の弦月を拝するのであるが、有名なのはこの糸のように細い月が三つ見える不思議な現象である。

この日、父の菊麿と娘の春菊は町から進美寺に上を目指して上がり、日が暮れて町の明かりが見え始めた頃、国府の辺りが火事のために紅くなっていることに気付き、父の菊麿は鎮火のために急ぎ下山した。

娘の春菊と明運上人は夜に提灯《ちょうちん》の灯りで山頂に登った。しばらくして二十六夜の月が現した時、何と月が三つの姿を並べた。「見事な三体の月じゃ」と上人が声を上げると、元のように一体の月に戻った。この幻想的な雰囲気の余韻の中、上人と春菊は生涯一度の契りを結んでしまった。

時は過ぎ、懐妊した娘のお腹は、秋が行き冬が到来する頃には大きくなったが、世間では夫のない懐妊した女性には冷たく、因幡《いなば》の国の姉の所に身を隠すこととなった。別れの日、明運上人は寺の都忘れの花を数株手渡し「くれぐれもお身を大切に。このゆかりの草花を因幡の里に植えて朝晩、進美寺を思い出されるがよい」と告げられた。

この後、春菊は男の子を産み落とした。しかし、この地方の風習で、父の知れぬ子は野山に捨てる間引きの慣わしに従い、我が子を棄てた。ところが、「赤子が三日経っても死なずに泣いている」との噂を耳にし、姉の夏菊は棄てた場所を訪ねて連れ戻したという。

赤子はすくすくと育って二歳の時のこと、姉の夫の鳥取高草郷の豪族、伊福部長友《いふくべながとも》の従僕三十数名が奇病にかかり、近くの修験の僧に加持祈禱を行わせたが一向に治らない。そこで、験力のある進美寺の明運上人をお呼びしようと使者を出した。夜、長友は端正容姿の僧二人が家の中に入る夢を見た。すると従僕三十数名の奇病が平癒したという。次の日、明運上人が護摩で加持祈禱を行うと稲荷大明神がその姿を現し、本縁をお示しになられた。

上人の帰りに春菊は二歳の幼児を抱いてお目にかけると「法印様（上人）、この子は宿縁によって、生まれながらに上人の弟子でございます。お分かりくださいますでしょうか」と申し上げると、上人は事情を察し「大慈大悲の御仏の宿縁、確かに承知致しました。大切に育てられよ、二年の後、進美寺に迎えて、必ず衆生済度の明知識に養い参らせよう」と答えられた。上人は庭に咲いた都忘れの花に目を留められ、御所望になって帰られた。二年後、春菊は四歳になった子供の手に都忘れの花を一杯持たせ、進美寺の使者にお渡しになった。

その後、明運上人はその子供を愛情深く育て、十歳にして登壇受戒させて源算《げんざん》と名付けられた。特別な宿縁によって生まれ、父と師の愛情を一身に受け育てられた源算はその後、比叡山にて恵心僧都源信《えしんそうずげんしん》に師事し、厳しい修行をされて天台宗の碩学《せきがく》となられた。また、四十七歳の年に京都の名刹、善峯寺を開山され、法力にも勝れた源算上人は数々の霊験で人々を救い、百十七歳にて入寂された。（池田紫星《しせい》著「品治《ほんじ》の女性」より）

仏教の因縁談はお釈迦様の話から現代の僧の話までたくさんあるが、どの話も特別な宿縁がある。昭和二十九年にこの話を小説にされた池田紫星氏が雑誌『宝石』に載せるに至った経緯の中でもいろいろ奇瑞があったという。昔の伝説が千年以上経った今日、再び奇瑞を起こした話である。

# 九、仕事の師を持つ――聖天行者

私が比叡山浄土院で見習い小僧をしていた頃、延暦寺一山の住職に「天台宗で一番法力のあるお坊さんは誰ですか?」と聞いたところ、あるお坊さんは間髪を容《い》れずに「東京の白戸快昇《しらとかいしょう》さんだろう」と教えてくれた。

比叡山延暦寺一山の住職になるためには、三年間比叡山に籠り修行しなければならない。私が十二年籠山行に入った年、同じく三年籠山行に入ってこられた中に白戸快昇さんの息子さんがいたことからご縁があり、浄土院で侍真《じしん》職をしていた時に師僧の白戸さんが時々訪ねてきてくれた。

白戸快昇さんは四国の生まれで天台寺門宗の僧侶である。八十八ヶ所遍路の折に不思議なことがあった。朝早く歩いていると、あるお婆さんに引き留められ、「昨晩、弘法大師が夢に現れ、明日の朝一番に家の前を通る人に御祈願してもらえば貴女の病気は治る」といわれた。「ぜひ、家に来て祈願してほしい」と頼まれ、実際に祈願するとたちどころに病が治ったという。

その後、ある札所の住職に比叡山での修行を勧められて延暦寺に来ることとなった。最初に比叡山行院に入行されたが、後半には助手として手伝いをされた。その後、根本中堂の役僧としてお勤めされていた折にもいろいろな霊験談があったという。

昭和四十年には比叡山ドライブウェイの工事が行われていたが、落盤等でけが人や死者が出たため工事が難航していた。当時の執行はかつて千日回峰行を満行した傑僧であるが、白戸師にお願いにきたという。「叡山は何人もの大行満《だいぎょうまんだい》大阿闍梨《あじゃり》がおるが、万が一、阿闍梨が工事の祈願をして効かなかったら、比叡山の権威に関わる。君なら比叡山の住職でもないので、万が一効かなかったとしても問題ないだろう」。

当然、誰でもよいのではなく、その法力の強さを知っていたのでお願いしたのである。白戸師は早速祈願をしてその重責を果たした。それから一切事故は起きなかったという。

こうして数々の功績があり、比叡山の住職推薦の声がかかったが、当時の執行《しぎょう》は良しとしなかった。「君が根本中堂で祈願するとドンドン人が集まり、大行満大阿闍梨の所に信者が来なくなる。悪いが比叡山から出て行ってくれないか」とお願いされたとのことである。時期を同じくしてぜひ、東京の大福生寺《だいふくしょうじ》に住職にとの声があり、東京に行くことになったという。

さて、当時の第二百三十二世天台座主山田恵諦猊下《えたいげいか》と親交があり、元三大師《もとざんだいし》供の伝法を受けた時、座主猊下から「元三大師供の伝法を受けた者は一つ誓願を立てなければいけない、私は死ぬまでに比叡山のお堂を一つ建立すると誓った、君は何を誓うかね」と聞かれ、「死ぬまで毎年、九月の元三会の時に法話に来ます」と誓ったという。

毎年の法話で比叡山に来られた折には、よく浄土院に立ち寄られた。ある時、延暦寺に「安楽死」について法話で来られた時も浄土院に立ち寄られ、こんな話をされた。師が数十年前に比叡山行院の助手の時のことである。当時、森行院院長がお勤めをされていたが、初めて見るお勤めだったことから「何のお勤めですか?」と聞いたところ、「大般若理趣分《だいはんにゃりしゅぶん》と言って、安楽死によく効く修法である、伝法をしてあげるから私のために祈ってくれるか?」と言われた。

その後、比叡山時代、東京の大福生寺時代と毎日のお勤めは大般若理趣分が中心だったという。比叡山の大阿闍梨を含め多くの信者から安楽死の祈願を頼まれ、またご自身の最期も安楽死だったと聞いた。また、お弟子さんの中には霊感のある方が多かったが、白戸師は亡くなって四国に霊峰石鎚山の天狗に生まれ変わったと耳にした。聖天行者の数多い体験談の中の二、三のこぼれ話である。

# 十、虚偽を避ける――鳩摩羅什の舌

籠山中に中国の僧を連れて、師僧が浄土院に来られたことがあった。

その中国の僧は『妙法蓮華経』を訳した鳩摩羅什《くまらじゅう》が入滅された草堂寺《そうどうじ》の住職であり、由緒ある仏舎利を持ってのお参りだった。

鳩摩羅什は西暦四世紀から五世紀に活躍された僧で、大乗経典の『法華経』『阿弥陀経』『維摩経《ゆいまきょう》』『大品般若経』『金剛般若経』や『十住毘婆沙論《びばしゃ》』『中論』『百論』『十二門論』『大智度論』など多くの経巻を翻訳し、経・律・論の三蔵に精通した三蔵法師である。父は鳩摩羅炎といい、インドの名門貴族の出身のカシミール生まれで仏教を東方に伝えようと遊行していた。

母は耆婆《ぎば》といい亀茲《きじ》国の国王の妹であり、天女のように美人で生まれつき聡明《そうめい》であった。父の鳩摩羅炎がちょうど亀茲国を通りかかった時に国王の信頼を得、王の進言に依って遂に妹の耆婆と結婚させられた。母の耆婆は身籠ると、習ったことのない言語まで急に話すことができたという。その後、母は羅什が七歳の時に正式な比丘尼《びくに》となり、息子の羅什も出家させた。羅什は優れた才能を発揮し、毎日千偈《げ》(三万二千字)を暗記し、九歳でインドに留学して小乗仏教を学び、帰国後に大乗仏教を学んだ。

三十五歳の時に前秦王によって王女と結婚させられ、五十二歳にてようやく中国の皇帝より招待されて長安に渡った。五百人の僧を付けられ翻訳作業にかかったが、羅什はインドのサンスクリットの言葉を頭の中で中国語に翻訳し、それを弟子が書き留めていくという斬新な方法で正確で美しい翻訳ができたという。

十日に一巻という驚異の速さで翻訳され、約八年で二百九十四巻の翻訳が完成した。特に法華経の訳は何本かあるが、羅什の『妙法蓮華経』が素晴らしく、法華経といえば羅什の『妙法蓮華経』を指すまでになった。

さて、結婚により妻帯した破戒僧であった羅什は、臨終直前に「我が所伝が無謬《むびゅう》ならば、焚身のちに舌焦爛《らん》せず」と誓言した。すると、火葬後、まさに誓言通りに舌だけが焼け残ったという。戒は守れなかったが、翻訳した経は真実であり、虚偽はなかった徴であるという。その羅什の墓がある草堂寺の現住職の師僧は戦後、羅什の布教に精力的に努めた。そして亡くなって荼毘《だび》に付したところ、羅什と同じように舌が焼け残ったという。住職から直接聞いた話である。

# 十一、すぐに否定しない――仏舎利

一般に舎利《シャリ》というと寿司屋の酢飯をイメージされると思う。または銀シャリと言って白米のご飯が頭に思い浮かぶ人が多いと思う。しかし、元々仏教用語で火葬されたお釈迦様の骨のことである。尊いもので色や形や大きさが似ているので呼ばれるようになったのであろう。

クシナガラで入滅されたお釈迦様は火葬により遺骨は八等分され、灰と容器を加えて十ヶ所の寺院に奉納されたという。二百年後、全インドを統一したアショーカ王は七ヶ所の寺院の仏舎利を発掘して細砕し、八万四千に分けて仏塔を建てた。

その後、仏舎利が納められた丸い仏塔即ちストゥーパがインドやタイ等にできると、中国僧は求法巡礼と共に仏舎利や供養した宝石を代舎利として持ち帰り、仏塔に納めた。日本に現存する世界最古の木造建築物・法隆寺の五重塔も仏舎利を納めたストゥーパである。

インドでの初期仏教時代は偶像崇拝がなされなく仏像が作られなかったため、在家信者は仏舎利が信仰の対象であった。しかし、日本では仏教が伝道された当初から仏像が入ってきたため、仏舎利信仰はあまり発達しなかったという。その後、鑑真和上が三千粒という多くの仏舎利を持って来日され、また入唐僧により大量の仏舎利が唐より持ち帰られると、多くの仏塔が建てられ、さらに舎利を入れた舎利容器が寺院内に置かれて信仰礼拝の対象となっていった。加えて、戒律では仏舎利を戒体と呼び、受戒に必要不可欠なものとなった。

近年では、十九世紀にイギリス人がインド北部の古墳を発掘した折、釈迦及び釈迦一族の遺骨が発見された。その仏舎利は、後にイギリス政府からタイ国王チュラーロンコーンに譲渡され、ビルマ・セイロン・日本等の仏教国に分与されて仏塔が建てられた。日本に分与された仏舎利を納めるために創建されたのが、名古屋にある覚王山日泰寺《にったいじ》である。また、戦後はインドのネルー首相から日本に仏舎利が贈与され、熊本、静岡、兵庫など各地にドーム型の仏舎利塔が多数建てられた。

さらに『法華経』が世に弘まると、法華経は如来の全身であるとの考えから仏舎利と同等に扱われ、仏舎利は舎利信仰と共に法華経信仰にも大きな影響を与えた。

密教においても如意宝珠《にょいほうしゅ》として加持祈禱成就のために大切な法具となった。仏舎利は何でも願い事が叶うことから僧だけでなく龍神や天神までも手に入れたい宝であったという。そして仏舎利は、舎利信仰と共にその数も増えていくという。仏教が盛んな時は仏舎利が増え、仏教が衰えると減るという説も伝えられている。実際に京都の東寺では空海上人が中国の恵果《けいか》阿闍梨から授かったのは八十粒であったが、西暦九五〇年には四千七百九十四粒に増え、百年後には四千三百二十五粒に減ったという。

また、仏舎利以外にも菩薩舎利というのがある。高僧が亡くなって荼毘に付すと、骨の周りに五色の結晶の粒が付くという。これが菩薩舎利と呼ばれ、日本以外でも中国や韓国の高僧が荼毘に付されると出現される。遂には菩薩舎利の出現が高僧であった徴《しるし》とまでいわれるようになった。近年は火葬の方法も変わり、木材から重油に、さらにガスに変わっていったが、それでも菩薩舎利は現れるという。

比叡山の千日回峰を二度満行し、二千五百五十五日目に行の途中で亡くなられた正《まさ》井観順《いかんじゅん》阿闍梨は大正二年に火葬された時、数十の菩薩舎利が現れたし、戦後、千日回峰行を二度満行した酒井雄哉《ゆうさい》阿闍梨は平成二十五年に亡くなられたが、やはり菩薩舎利が現れたと聞く。

　また、現代でも密教の修法で仏舎利が増えた話は数多くある。二百三十二世天台座主となった山田恵諦《えたい》大僧正は横川の元三大師堂の執事《しゅじ》時代、非常に熱心にお勤めされたと聞くが、ある時、舎利容器からたくさん仏舎利が溢れ出たという。「科学的にはあり得ない話だ」と多くの人は思うかもしれないが、仏教信仰による感応道交《かんのうどうこう》の不思議な現象は今日でも数多く耳にする。

# 十二、「異次元の話」を退けない——龍神

二〇二四年は辰年であった。龍は伝説、架空の生き物とされ、大蛇に似て背に八枚の鱗《うろこ》があり四本の足と頭に二本の角、顔は長くて耳があり、長い髭《ひげ》を持っており、水中や地中に住み、空中を飛行できるといわれる。善龍と悪龍がおり、津波、雷雲、雨水を自在に操る力があるといわれる。

善龍は仏法を守護し、多くの人にも幸せをもたらす。特に法華経を守護する八大龍王は有名で、難陀《なんだ》龍王・跋難陀《ばつなんだ》龍王・娑伽羅《しゃきゃら》龍王・和修吉《わしきつ》龍王・徳叉迦《とくしゃか》龍王・阿那婆《あなば》達多《たった》龍王・摩那斯《まなし》龍王・優鉢羅《うはつら》龍王であるが、特に和修吉龍王は九頭《くず》龍王という名で神社に祀られていることが多い。

たまたま前年の二〇二三年に名古屋に住んでいる面白い人との出会いがあった。その方は子供の頃から鉄道写真を撮るのが趣味であり、家業が写真屋なのでそのまま継

いだ。

七年前のある時、近くの駐車場のおじさんから電話があり、不思議な現象が起きているので写真に撮ってもらいたいとの依頼であった。

すぐに駆けつけてみると駐車場の床の水溜まりがピチャピチャ跳ねたり、落ちていたタバコがクルクルと回りだしたりした。何か動かしている虫や動物、風などがある訳ではなく、写真ではダメだと思って動画に撮った。その動画を撮っている最中に何かが口に飛び込んでくる感じがあり、思わず呑み込んだという。それからというもの、写真を撮る時に龍の姿の雲が映るようになったという。

最初、鉄道写真仲間には知られると恥ずかしいので隠していたが、龍雲の写真を貰《もら》った知り合いから「お金が入った、運が良くなった」とのお礼の連絡や手紙を貰うようになり、思い切って販売するようになったという。

私もご縁があってお寺で会うことになり、一枚いただいた。私の寺の往来の時も琵琶湖の上に紫色の龍雲が現れ写真に撮ったというので、後日見せてもらった。普段、私はこの手の話をほとんど信じないが、何か感ずるものがあった。昔から異次元の世界を見ることのできる僅かの人だけが信じる世界であるが、二十一世紀になり科学に依ってこれらの異世界があることが常識と思える時代が来るのであろうか？

宮本祖豊　みやもと・そほう

昭和三十五年北海道生まれ。五十九年出家得度。
平成九年好相行満行。
二十一年比叡山で最も厳しい修行の一つである
十二年籠山行満行（戦後六人目）を果たす。
NHK Eテレ『こころの時代』にも取り上げられ、
大きな反響を呼んだ。
比叡山延暦寺居士林所長、
延暦寺大霊園園長などを歴任し、
現在は比叡山観明院住職、叡山文庫文庫長。
著書に『覚悟の力』（致知出版社）がある。

積徳《せきとく》のすすめ
比叡山40年の修業が教えてくれたこと

令和七年四月二十五日第一刷発行

著者　宮本祖豊
発行者　藤尾秀昭
発行所　致知出版社
〒一五〇―〇〇〇一　東京都渋谷区神宮前四の二十四の九
電話　〇三―三七九六―二一一一
ホームページ　https://www.chichi.co.jp
Eメール　books@chichi.co.jp
印刷・製本　中央精版印刷
落丁・乱丁はお取替え致します。


ISBN978-4-8009-1330-2 C0095

人間力を高める致知出版社の本

# 覚悟の力

宮本祖豊 著

比叡山に一二〇〇年伝わる驚異の荒行を通してつかんだ生きるヒント

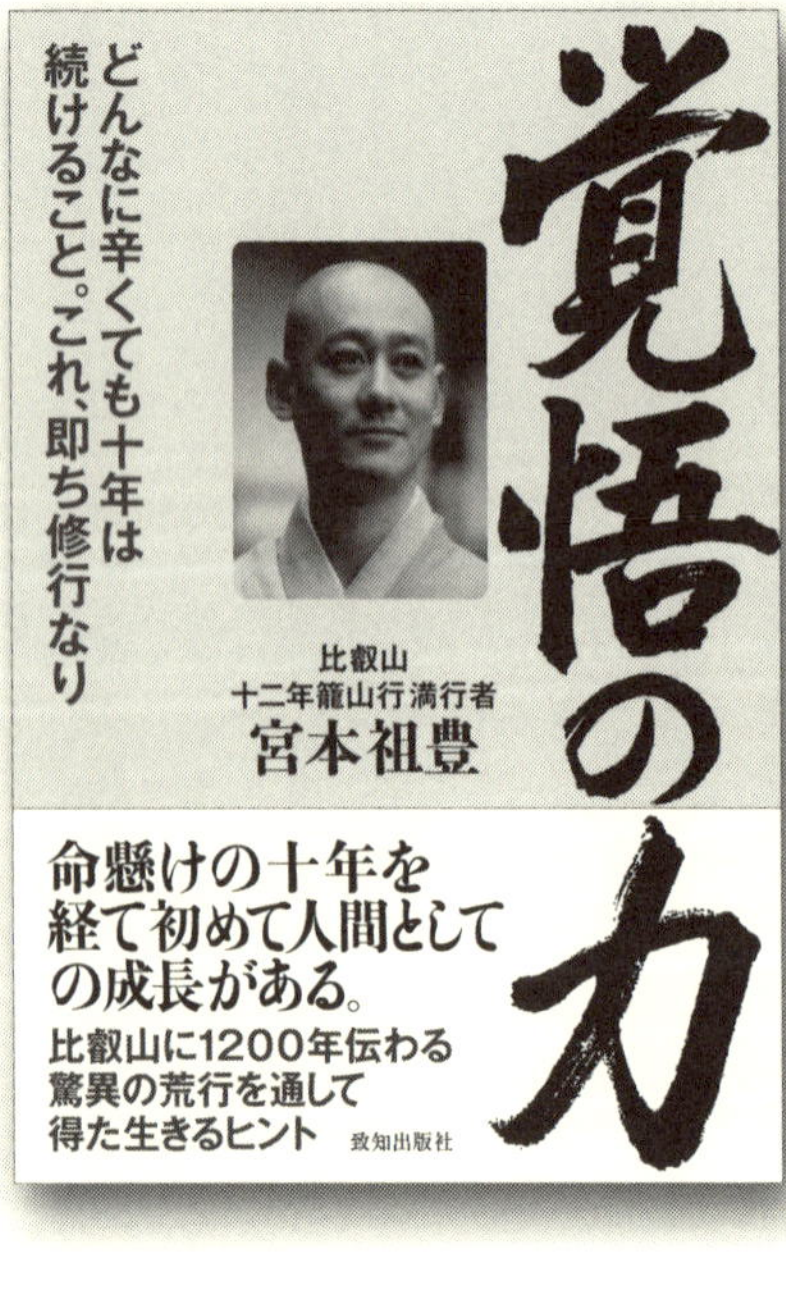


四六判上製／定価＝一、六五〇円（一〇％税込）

人間力を高める致知出版社の本

# 一生学べる仕事力大全

藤尾秀昭 監修

『致知』四十五年に及ぶ歴史の中から珠玉の記事を精選し、約八〇〇頁にまとめた永久保存版！

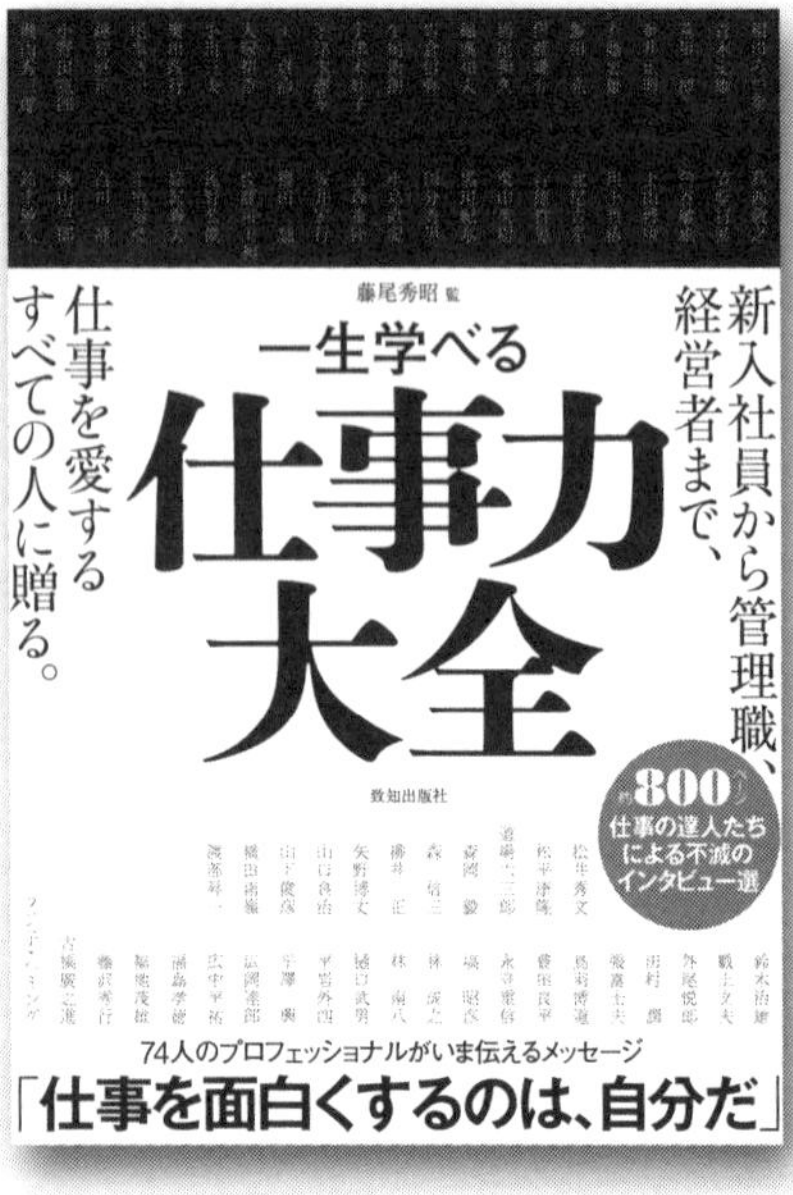


A5判並製／定価＝三、三〇〇円（一〇％税込）